薔薇の咲く頃
ロンドンへ

To London when the roses are in bloom

八十二歳コロナを超えて
娘と二人の旅日記

今後佳子
IMAGO Yoshiko

文芸社

*カバー絵（表／裏）・本文挿絵　今後佳子

はじめに

ここ姫路ばら園の五月、休日ともなれば、遠方からやって来る人もいてにぎわっている。つるバラが屋根を覆う東屋に座っていると、風に運ばれてバラの香りが漂ってくる。木洩れ日の間から清流市川のせせらぎの音が聞こえる。

「ああ、いい香り、このバラ園は、絶妙な場所に造ったものねえ」

「本当に。今が見頃ねえ。他の人も通っていくから、私達も、この東屋を明け渡して、次のアーチへ行ってみますか」と娘が立ち上がる。

右に左に一塊のバラを見ながら歩を進める。花と花の間にギリシャ彫刻を模した置き物があるのもご愛嬌だ。

「ところでロンドンのバラ園ってどうなんだろう。きっとすごいだろうね」

「そりゃあもう、何しろあちらは、王室のバラ園だからスケールも桁違いなんでしょう」と娘が応じる。

「行ってみたいなあ、気候もいいし」

「お母さん、何を言ってるの。気候もいいしって。今すぐ行けるわけじゃないわよ」

「いやいや、今、すぐってわけではなくて、バラの咲く、五月、六月は、ロンドンの気候もよいんじゃあないかってこと」

「そうだよねえ。いくらお母さんでも、『来週出かけよう』とは言わないわよねえ」

帰宅してからも、「冗談は抜きにして、ほんとうに、ロンドンへ行ってみない？」と言うと娘が少し考え込んでいたが、

「お母さんが本気なら、考えてみてもいいね」と真剣な表情で言った。

それは、二〇一九年、私が七十八歳のことであった。

それから少しずつ、旅行案内の本を買ったり、英会話の初心者向けの本を私のために娘が買ってくれたりして様子を見ることにした。

その年の秋も深まったある日、娘からの提案。

「お母さん、ブリティッシュ・エアウェイズが、ロンドン～関西空港間を売り出しているよ。他社と比べて半額くらい。五月、六月ごろに、ちょうど間に合うよねえ。冬場だから安いけど、五月、六月のロンドン行きは高いはず。この季節にビジネスクラスで五十万円少々というのは、ずいぶんお得だと思うんだけど、どう？」

ふむ、ふむ。そうか、そのうち夏休みになると高くなるなあ。今を逃せばもう行く機会は

ないかもしれない。私は七十八歳。視力が衰えていて、左右の股関節も手術をしていて外出には杖が必要だ。

本来ならば、体を労って自宅で穏やかな老いの日々を送るべきところだ。

内臓が強いということもなく処方された薬を何種類も飲んでいる。一日がやっと終わり、さて眠るかとなると、左右に点眼薬、眠剤。

満身創痍といったところだが、気持ちだけは前のめりで、じっとしているのは苦手だ。

まあ、娘が同行してくれるなら心強い。

では、人生最後の海外旅行、挑戦してみるとするか。

目次

コロナに阻まれて

二〇一九年十一月二十六日、七十八歳の秋も深まった日、ブリティッシュ・エアウェイズに、娘と二人分申し込んだ。

この年の十二月、武漢でコロナが発生した。

明けて二〇二〇年一月三日、私は七十九歳の誕生日を迎えた。いよいよ七十代も終わりだが、八十代でないのがなんとなく安心だ。

ところがそれから間もなく、中国の武漢で発生したコロナが世界中に広がり、日本にも上陸した。

世界中の国が入国制限を始め、感染者は増え続け、ついに日本でも出入国の制限が始まった。そんな日々の中、もしやと不安がちらつく中、ブリティッシュ・エアウェイズから連絡が入った。

「出入国の制限がかかっている現在、飛行機は飛ばない。いつ出発できるか今のところは不明である」と。

娘が「納得いかない。支払ったお金は、どうなるのか」と電話で尋ねてみると言いだした。

電話で応対してくれたのは、日本人の地上アテンダントではなく、イギリス人だったという。

「なかなか要領を得なかったが、まずわかったことは、飛べるようになったらこのままの金額で飛行機に乗れるということ。それまで返金してくれないということ」……。

いつになったら飛べるのかわからない。その間は、お金は預けっぱなしになるらしい。

困ったことになったが、相手のコロナは勢いを増すばかりで終息する気配はない。

四月末日、小学校からの友人〝井筒の君〟が亡くなった。最近では年賀状のやりとりだけだったが、聡明でユーモアに富んだ人だった。

そして年も暮れようとしている十二月、学生時代の親友が亡くなった。突然の死だった。

二人の死に私はすっかり打ちひしがれた。

二人の友人は、八十の坂を越えることが、できなかったのだ。

明くる二〇二一年、私はついに八十歳になった。コロナは収まるどころか、ますます勢いを増していた。

八十一歳にして、まさかの喘息！

二〇二二年、あろうことかロシアがウクライナのキーウに侵攻するという暴挙に出た。一体、世界はどうなってしまうのだろうと、身のすくむ思いの毎日だった。

私は、ウクライナ支援の呼びかけに応じて心ばかりのお金を送った。早くこの戦争が終わりますようにと願いを込めて。

私は八十一歳になってしまった。

この頃から世界各国で出入国の許可が出始めていた。コロナが終息したわけではないが経済がもたないからだった。世界は決してばらばらでなく、大きな一つの輪になっていることを思い知らされる日々であった。

九月ごろから咳がよく出るようになり、夜、床に就くと、のどの奥からヒュー、ヒューと妙な音が聞こえるようになった。かかりつけの内科の先生や耳鼻科の先生にレントゲンを撮ってもらったが異常はなかった。しかし、私ののどは、ますます大きな音をたてるようになった。処方された咳止めの薬も効き目がなかった。

ひょっとすると、コロナか？　とも思ったが熱はないし、体もだるくはない。

一体何だろう。苦しさは夜毎に増す。妙な病気に罹《かか》ったなあ。思い残すことは何もないが、原因不明でこのまま苦しみながら死んでいくのは怖いなあ……と暗闇の中で壁にもたれながら考えた。

家にいる長女がこれは変だと、次女に連絡してくれた。次女の婿《むこ》が自分の勤めている病院の呼吸器内科を紹介してくれて、すぐ行くようにとアドバイスしてくれた。

呼吸器内科で問診を受け、血液検査、レントゲン、肺機能検査と幾つもの検査を経て、元の診察室へ戻ってきた。

先生は開口一番、「喘息です」と。そして、チクワを四つに輪切りにしたような模型を見せながら、「今後さんの状態は、これです。一番右の状態『重症です』」。「でしょうね。私も、そう思っていたんです」とは、口に出さなかったが、大いに納得した。処方されたステロイド三日分。吸入の器具を薬局でもらって帰ってきた。

家に帰ると長女が薬の説明をしてくれたり、吸入のしかたを指導してくれた。「はい、吸って、止めて、吐く。上手、上手」なんて言いながら。日頃は、「コロナ菌がいっぱい付いている。さあ、手を出して、エタノールで消毒。服も着替えて」と、うるさいことこの上ないが、さすが薬剤師。有難かった。のどの音は一度に治り、その後はピタリと止まって、安堵した。

先生ありがとうございました。

婿殿、ありがとう！

くーちゃん（長女の名）、ありがとう。助かった！

こうして二〇二二年は無事暮れた。

明けて、二〇二三年の初め、ついにブリティッシュ・エアウェイズから飛行機が羽田からロンドンへ飛ぶという知らせが入った。関西空港からは、まだ出発しないらしい。

私の住んでいる姫路から羽田までは、まず新幹線で品川まで行かねばならない。時間もかかるし、お金もかかる。が、行けることがわかってほっとした。お金が無駄にならなかったことが一番うれしい。二人で百万円は我家にとって大金だ。

To be《行くべきか》 or not to be《行かざるべきか》 that is a question.

だけど、「飛行機は、飛びます。どうぞ乗って下さい」と言われても「はい、おおきに」

というわけにはいかない。コロナが収まったわけではない。日本では、まだほとんどの人がマスクをしているし、病院では体温を測り、手指の消毒をさせられる。安全と言える状態ではないのだろう。

さて、我々が向かうイギリスは、どうか。イギリスのコロナが終息したという話は聞こえてこない。

だが、テレビを注意して観ているが、マスクをしている人は、いない。どうなっているのだろう、不安は残る。

イギリスへ行こうと決めてから、丸三年、足かけ五年の歳月は、老いの身にとっては、厳しい歳月であった。

手術している両方の股関節は痛みが強くなり、視力も弱くなった。障害の級が上がった。杖をついて、気をつけながら、ゆっくり歩かねばならない。夜間は、横向きに寝ると下にしている方の脚が痛んで目が覚める。

夜間頻尿、こむら返りも加わって、二時間おきに目を覚ます。その上に喘息が加わった夜々は、絶望的であった。

だが、これは、私だけではない。老人は、多少、そういう傾向があるのだ。

老いを生きるとは、こういうことなのだ。

ま、普通に考えれば「海外旅行はやめておこう」となるだろう。

だが、飛行機代を払ってしまった。お金は返ってこない。

「行くべきか、行かざるべきか」。二者択一。

ハムレットと同じレベルには決して及ばないが、今の私達にとっては、二者択一という点では同じなのだ。

進退ここに窮まった。

そんなある日、テレビを観ていた娘が、感極まったように叫んだ。

「お母さん、イギリスは、やっぱり、ヤバイでえ。見て、見て。マスクしている人、いないでえ。最近、また流行しだしたと言うのに。今、行ったら二人とも棺桶に入れられて帰ってくることになるよ」

「あちらは、火葬してくれないのかねえ」と私。娘は「火葬しないわよ」と知った風な口をきく。

続けて「二つの棺桶、誰が引き取りに来てくれる？　それに、イギリスでコロナに罹って入院したら、私ら、いじめられるのとちがう？　『イエロー！』って」

「そうかもしれんなあ」と、物騒な話になった。

そもそも私はいたってのん気である。それに対して娘は心配性だ。娘は日常生活でも外出には必ずアルコールの消毒液の小ビンをバッグに入れて持ち歩く。家に帰り着くや否や着ていた服を洗濯機に投入し、当人はシャワーを浴びる。

私に向かって、「お母さん、今来た手紙とか、触ったでしょ。シュッ、シュッしたるから手を出して」と言う。私はまるでバイ菌まみれで、アルコール攻め。

「お母さんがコロナに罹らないのは、私が管理してるからや」と宣《のたま》う。

「まあ、そうは言ってもなあ、あの飛行機代二人分で百万円超えてるし。返してくれへんのやろ。どうする?」

娘は、はっとしたように、

「そうやった。困ったなあ。やっぱり行かんと、あかんなあ」

とあっさり。心配性だが、なかなか金銭感覚は、しっかりしている。

道祖神の招きにあいて

京都に住んでいる中学校時代からの友人に電話をした。

「ロンドンへ行きたいんだけど、コロナが収まっていないし、もし向こうでコロナに罹ったらどうしようかと思って。ひょっとしてお棺に入れられて帰ってくることになるかなあなんて……」と言うと彼女、「アハハッ」と笑って「池ちゃん（中学生時代の呼び名）心配せんでええ。棺桶の二つくらい伊丹空港まで私が引き取りに行ったる。あんた、やせてるから軽いもんや」と言った（私は軽くてもお棺が重かろうと思った）。

「そんなもんかいなあ」と私。「そんなもんや。平気や。行っといで」。

うーん。びっくり。

実際は、どうなるか、全くわからない。

死んで帰ってくるという心配が全くないわけではないが、彼女と話して笑っているうちに、なんとなく大丈夫なような気がしてきた。不確かなことこの上ないのだが……。

お金を無駄にしたくないのと、彼女の一押しで「行ってみるか」と私。

「行かんとしかたがないなあ」と娘。

ということで、五月末か、六月の初め、二人でロンドン行きを決断した。

丸三年半、足かけ五年は、長かった。ウェストミンスター寺院、バッキンガム宮殿、ベーカー街、テート・ブリテン、シェイクスピア・グローブ座……五月のバラが今、晴れ晴れと、〝道祖神〟のように招いてくれている。

ロンドンだけ？

暖かくなった四月の終わり、久しぶりに友人と四人で中華料理を食べに行った時のことだ。

この四人の共通点は、八十歳になって間がないこと、趣味が読書、という点である。

富士子さんは、物理専攻のリケジョの走りで、理科の先生だった。読書好きで、猛烈な勢いで本を読む。好奇心が旺盛で、理解するのが早いからだろうか。

薫さんは、ブティックのオーナーであっただけに、スタイルが良くて洋服のセンスも良い。

彼女は芥川賞、直木賞、本屋大賞などの新しい受賞作をかたっぱしから読んで、惜しげもなく私達に送ってくれる有難い人だ。

私は、歴史小説が好きだが、彼女達に比べて読むのは遅い。私のところで本が溜まってしまうこともある。

食事が終わると、ジャスミン茶が出た。味もさっぱりしているし、香りもさわやかだ。

富士子さんが、「さっきの話だけど、ロンドンだけというのは、もったいないと思う。せっかく遠い所まで行くんだから、足を延ばして地方へも行ってみたら？ 湖水地方とか、コッツウォルズとか。私は二回行ったけど、とても良かったよ」と言った。

「そうよねえ、ストラトフォード＝アポン＝エイヴォンとかもね。あなたの好きなシェイクスピアの生家だとか、お墓もあるし、古くていいホテルもあるの。ロンドンから二時間くらいだから、がんばって行っておいでよ」と、薫さんも勧めてくれる。

「全日程、八日間と言っても、羽田で前泊するし、飛行機に乗っている時間も長いし、実際行動できるのは、中四日ぐらいになるわ」と私。

そんな会話を黙って聞いていた峰さんが、「私は、シャーロック・ホームズが好きだから、ずっとベーカー街にいたいなあ。それだけで満足」とのんびりとした口調で言った。

彼女はシャーロキアンと言われるシャーロック・ホームズの大ファンだ。こんなに優しくおだやかな人が反抗期の中学生どもをどうして静かに授業を受けさせられたのか不思議だ。

それを本人は「二重人格なの」とニヤリと笑ってサラッと言う。

国語の授業を受け持ってもらっていた女生徒が「私、峰ちゃん好きや」と言っていたから、読書好きでユーモアのセンスのある彼女は、生徒達に人気があったのだろう。

三人三様の意見だが、せっかくの遠征、郊外に足を延ばすべきという意見でまとまった。

その夜、娘に言った。

「今日、例のみんなに会ってロンドン行きを話したら、湖水地方とか、ストラトフォード＝アポン＝エイヴォンの方に足を延ばしたほうがいいって。『後で後悔するよ』って言うのよ」

「お母さん、私らの目標は、まず、元気で生きて帰ってくることでしょ」

「だいたいおばちゃん達がイギリスへ行ったのは、二十年も三十年も前、五十代、六十代の元気な時だったじゃないの。今のお母さんは、八十代になっているでしょ。お母さんは、毎日、午後一時間ほどお昼寝してるやないの。昼寝しないと午後から活動できんとか言って。ロンドンへ行っても一日中、動きまわるわけにはいかないんだから。時々、休憩をとらないと疲れてしまうわよ」

まあ、おっしゃるとおりだわ。

「ああ、それより、よい所を見つけたわ。ロンドンでコロナや他の病気になったらどうしようかって心配してたでしょ。それがいい病院があったのよ。医療センターが」

「ふーん。まあ、よかった。イエローだと言って病院のスタッフに蔑視されるのは、嫌だもんね。それで、そこの病院の名前はなんと言うの？」

「それよ、それ。イリョウ・センターって、ローマ字で出ている」

「まあ、なんと親切な。日本人スタッフがいるんだろうね」

「そりゃあ、そうでしょう。わざわざイリョウ・センターって名乗っているんだもん」

ああ、これで一安心。最悪コロナに罹っても、なんとか手当てはしてもらえる。苦しみながら放ったらかされて死ぬことはないのではないか。痛み止めとか人工呼吸器の装着とか。勝手な解釈をして安心した。

困った時には〝イリョウ・センター〟に行こう。

考えてみれば、娘のイギリス行きの希望は、バラの咲く頃ロンドンへ、だ。シティ派の娘は、アフタヌーン・ティをハロッズで、テート・ブリテンでハムレットの恋人オフィーリアの絵を見ること、ベーカー街を散策することが目標なのだ。田園の風景は、家の近くで充分見ていると言っている。

私はそれに加えてシェイクスピアの劇場、グローブ座へ行くこと。ウェストミンスター寺院に眠るディケンズやダーウィン、ニュートンのお墓にお参りすることだ。

中四日間といってもこれだけ回れば、休憩をはさむと、けっこうな時間となるだろう。

私達の旅としては郊外まで足を延ばすのは、無理があるという話になった。

コロナ対策として、病院が見つかったのは何よりの安心だ。だが我々二人の心構えとしてキープ・ディスタンスも心得ておきたい。

まず、大人数の場所に長時間いないこと。

危険なのは、マスクをはずす食事の場だ。

朝食はホテル代に組み込まれていて、一食三千五百円もする。食べないともったいないので、しかたなしで早朝一番乗り、六時過ぎ、レストランが開くと同時に入る。他の客が来ないうちに、さっさと食べて部屋に戻る。

昼食は、サンドイッチかホットドッグを公園などのベンチで食べる。

夕食は、スーパーマーケットで買い込んでホテルの部屋で食べる。……これでどうだ！

二人ともお酒はたしなまないので、パブで一杯という願望がないのも幸いだ。

これは、なかなかの名案だと思うが、一つ困ったことがある。私は早起きだが、娘は、まだ若い（私よりは）ので早起きは苦手だ。

「大丈夫か?」と尋ねると、自分が考えついたキープ・ディスタンス案だからしかたなしで「うん」と答えた。

そして、入り口のドアや、エスカレーターのベルト、誰もが触っていそうな手すりなどに触れた時のためのエタノールの消毒液を二つのビンに分けて準備してくれる。これでマスクをしていない人がいても大丈夫。さあ、くーちゃん、ロンドンへGO!


チュウトウ?


さて、ヒースロー空港に着いたら宿泊する所を決めておかねばならない。娘がヒルトンの会員なのでロンドンのヒルトンを調べる。五、六ヶ所あるらしいが、ロンドンのホテルは狭くて高いと聞いている。

いやはや、そのとおりだった。

二人で一室をとるのだが、なんと、シングルベッドが二つというホテルが少ないのだ。キングサイズ、または、クイーンサイズのベッドに二人で寝るのだ。

これは、困った。

私は、夜三回トイレに行く。横向きに寝ていると手術した股関節が痛む。それで寝返りを打つ。この時のシーツの衣擦れの音というのは、けっこううるさい。シャワ、シャワと。それに、時々、こむら返りで目が覚める。こんな人が同じベッドで寝ているなんて、たまったものではなかろう。私だって気を使って、身を縮めていなければならない。

こんな夜が五日間も続いたら……。

スマホをいじっていた娘が言う。

「お母さん、広い部屋のホテルが見つかった。だけど、ちょっと問題がある。チュートウ地区だって」

「上等ではなくていいじゃないの、中等で」

私は、ほっとした。

「ちがう、ちがう。真ん中という意味でなくて、ラクダのいるチュートウ」

「ええっ？　アラブかいな」

「うん、そう。アラブの方のチュウトウ」

「でもまさか、砂漠やあるまいし、ロンドンなんだから。心配することないんじゃない？」

「お母さん、それでもホテルの周囲の写真見たら、あの例の横書きのくねくねっとした、はねたり、後戻りした字の看板が、いっぱいなんだけど」

と娘は心配そうだ。

それならイギリスには何度も行っている薫さんに、どんなもんだか尋ねてみよう。

電話に出てきた薫さん、

「いやあ、私、そんな所へ泊まったことないから、わからんけど、ホテルのドアを開けたら、アラブ人がラクダを引っぱって歩いていたら、どうする?」

と言ってアハハと笑った。

ついでに、「私はキングサイズでも大丈夫。全然なんともないって。寝てしまったら終わりよ」とこともなげに言った。

彼女は、私より二つ下なんだけど、夜は起きないらしい。私は、「いいなあ、うらやましいわ」と電話を切った。

「そうだ。お母さん、千鳥さんに聞いてみたら?　千鳥さんてロンドンに留学していたと言ってたじゃないの」

うん、うん。そうだった。千鳥さんは私の友人の娘さんで、私の娘より十歳ほど年上だ。

娘がヒルトンの会員になったのも、千鳥さんの紹介があったからだ。

電話に出てきた千鳥さんは言った。

「ロンドンですか。いいですねえ。ホテル？　中東地区？　私もよく知らないんだけど、ヒルトンがそこにホテルを造るということは、大丈夫なんじゃないかなあ」

そうだよねえ。ヒルトンがあるってことは、危険な場所ではない……。ということで決定。

三人部屋を二人で使える。お値段もそれほど高くない。私達親子には、有難い。

こうして五日間の宿は、エッジウェア・ロードのヒルトンに決まった。これで安心。

エメラルドグリーンのジャケットよ！

次は服装だ。ロンドンの五月、六月の気温は二十度くらい。夫が生前、夏期研修でイギリスに行った時、「コートを着ている人がいた」と話していた。

日本でいうと、四月の初めの頃か。けっこう寒い日もある。桜の咲く頃だが。

コートを持っていくまでもないが、ジャケットは必要だろう。寒い日のために薄手のセーターを持っていこう。

娘はハロッズでのアフターヌーン・ティを楽しみにしている。アフターヌーン・ティと言っても様々で、ドレスに気配りの必要な所と気楽な所があるらしい。

ハロッズは、ジーパンやスニーカーはだめとか。それで入店お断りになった人がいるとか。私は杖をついていて荷物が持てないから、娘に頼らざるを得ない。持ち物は最少限にとどめたい。

「お母さん、田舎のお婆さん丸出しの茶色とグレーのミノ虫スタイルはやめてよね」

ミノ虫スタイルとは上手いことを言う。私は長年の教師生活が身についていて、目立たない服装をモットーとしてきた。おのずとグレーとか茶色の取り合わせになる。

もう十年も前に思い切ってエメラルドグリーンのジャケットを買ったが、気恥ずかしくて着ないまま洋服ダンスにしまったままだ。そうだ、あれを着ていこう。イギリスには知り合いもいないから何でもありだ。

ミノ虫が小枝や枯れ葉を集めて衣にしているような色合いは、八十二歳の私をいっそう老けて見せるだろう。これに白のパンツをはいて歩けば、バラ園でも少しは元気なお婆さんに見えるかもしれない。下に着る物は白地に花柄のブラウス。持っていく着替えのセーターは、

To London when the roses are in bloom

洗いやすい化繊の軽いもの。これも白地がいい。寒い日には、これを着込もう。これならハロッズのアフターヌーン・ティでもグローブ座でも、つまみ出されることはないだろう。もう二十年も前のことになるが、ウィーンでひどい目にあった。

友人と三人でオーストリアを旅した時、ウィーンでウィンナーワルツを聞きにいった。コートの下に新品の黒のセーターを着て、それでも、精一杯のおしゃれのつもりで真珠のネックレスをして行った。

ワルツは、うっとりするほどすばらしく、気分よく、終わってロビーに出てきた。クロークに預けておいたコートを受け取りに、引き換券を持ってカウンター前に並んだ。

私の番が回ってきて券を係員に手渡した。係員の男性はジロリと私を見てプイと横を向き、後ろの人に合図した。後ろの人は券を渡して、コートを受け取った。次は私だと思った。だが、次の後ろの人に合図を送り、引き換券を受け取りコートを出してきた。

そんなことを五、六人繰り返されると、さすがに、これは私を差別しているのではないかと思った。コートが何着か、私の頭の上を越えていったのだから。

隣の列に並んでいた友人が気づいて、「今後さん、どうなっているの。後の人が次々と受け取っていくのに、変じゃないの」と言った。

ドイツ語かフランス語かは、わからないけれど、私は日本語しかわからない。けれど、許せない。ついに日本語、関西弁で、怒鳴った。「あんた！　何なん？　私のコート、どないなっとんのん。前から並んでるやん」と。

さすがに、私が腹を立てていると見て取ったか、やっと、コートを出してきた。「サンキュー」も言う気がしない。気分の悪い一場面であった。

けれど、ウィーンの市民の名誉のために言っておくが、市井の人々は、概して親切であった。バスに乗ってホテルへ帰る時、どこの停留所で降りるといいのか、三人ともわからなかった。英語の教師であった一人が、運転手に頼んだ。「△△ホテル近くのバス停で降ろして下さい」と。バスに乗っていたウィーンの人達は、聞き耳をたてて私達を見ていた。

バスがその停留所に近づいた時、何人かの乗客が私達に向かって、「次だよ」と言ってくれた。他のお客さん達も、心配そうに我々を見ていたが、運転手に礼を言って我々が降りるのを、腰を浮かせて見守ってくれているのがわかった。三人とも「皆さん、ありがとう」という気持ちで頭を下げた。ホテルは目の前だった。感謝の気持ちでバスを見送った。

次の日、電車でホテルに帰る時、案内板を三人で見ていたら初老の夫婦が近づいてきて、「お手伝いしましょうか」と声をかけてくれた。例の英語のできる友人がホテルの場所を告げると、「次に来る電車に乗ればいい」と親切に教えてくれた。

ま、服装のことから話がずれたが、その出来事から、場所に合わせた服装というものが大切だと思い知らされた。

その他に大切なものを忘れていないか。

パスポート。これは、まだ期限が五年ほど残っているから大丈夫だ。

イギリスは、キャッシュレス社会で現金はあまり使わないから、キャッシュカードやスマホを忘れずに持っていくこと。カードは世界中で使用できるものでないと、バスにもタクシーにも乗れないらしい。

万が一に備えて身体障害者手帳も持っていこう。以上で準備、持ち物は整った。

備えあれば憂いなし

いよいよ、迫ってきた。

英会話が少しでもできるようにと娘が買ってきてくれた〝おとなの基礎英語〟の本も、パラパラッと頁をめくって、めんどくさくなりそのままにしている。

「ロンドンの大ざっぱな地図くらいは、知っておいて」と言って渡してくれたガイドブックは、楽しそうな写真が載っているので、これはじっくり読んだ、というか見た。

ロンドン市街地の地図を広げる。

テムズ川が東から西へ、いや、西から東へ流れているのが目につく。コッツウォルズに源を発したテムズ川は、流れ下ってロンドンに入り、まもなく西から東へ向かうとすぐに北上して、また東に折れて、ロンドンの中心街を東に向かうことがわかった。

この北へ向かうあたりの西側に、バッキンガム宮殿とか、ウェストミンスター寺院などの重要な建築物があるようだ。

そして、地図上では右へ、すなわち東へ向かうとすぐにロンドン・アイ（大観覧車）、そのまま東へ向かうとロンドン橋やロンドン塔、対岸には、シェイクスピア・グローブ座などロンドンの名所が次々に現れるということがわかった。我々のホテルのあるエッジウェア・ロードは、ロンドン・アイのずっと北になるようだ。

旅行案内の本を繰っていくと、バスの路線図と地下鉄の地図が網の目のようにびっしりと書き込まれていた。

英会話の心配もなく、土地不案内の心配もせず、夫の後について楽しんでいた海外旅行だったが、さて、自分も責任を持って移動せねばならないのは、なんと面倒で心細いものか思い知らされた。まあ、夫の有難みがわかった。

亡くなって十年、今、感謝していますよ。

ちょっとしんみりしたけれど、次の頁へ。デパートや、ベーカー街の写真などを見ると、気分が明るくなる。乗り物は娘に任せよう。

五月五日

やっと、ＷＨＯのテドロス事務局長が緊急事態宣言の終了を宣言した。

すでに多くの国では、新型コロナ規制が緩和、撤廃され、ウィズコロナが定着しつつあった。とは言っても、海外への旅行は心配で不安はなかなか払拭されない。

テドロス事務局長が宣言したからと言ってコロナ禍が去ったわけではない。安心はできないが、一区切りつけたというところだ。

五月六日

イギリスで、チャールズ国王の戴冠式が、ウェストミンスター寺院で行われた。一九五三年、前女王の戴冠式以来、七十年ぶりとか。

その様子をテレビで観ながら、「去年の九月に亡くなられた女王の生前中にイギリスを訪れたかったね」と、娘と話した。

女王陛下といえども、その時はいつかは来るが、存在感の大きかった方だけに、もう少し生きておられたらよかったのに。私達がロンドンを訪れる時まで。と勝手なことを考えて、残念に思った。

王室離れも進んでいると言われる。チャールズ国王も前途多難だろう。

戴冠式の時、大主教が、"God save the king!"と唱えたのに対して、その声に応じて参列した人々が唱和したのは、他国民ながらほっとした。

五月八日

ゴールデンウィークが終わった頃、日本でも、コロナは二類から五類へ移行された。すなわち、インフルエンザと同じ扱いになった。

五月九日

ロシアでは、九日、ウクライナ侵攻開始から二回目の〝対独戦勝記念日〟が赤の広場で行われた。プーチン氏が演説した。

「祖国への愛ほどこの世に尊いものは存在しない」と強調し、国民にウクライナ侵攻への貢献を求める内容だった。

このプーチンの演説に合わせて、その場に集まった人々が一斉に、「ウゥーラァー」と叫ぶ声が不気味に聞こえたのは私だけだったろうか。地鳴りのような声に禍々《まがまが》しいことが起こりそうな気がした。

ああ、三十日には我々はイギリスへ向けて飛行機で飛ぶ。まさか、ロシアやウクライナの上を飛ぶことはあるまいと、自分中心に事を考えた。

五月二十五日

いつものように夜中に目が覚めた。時計を見ると一時を過ぎていた。今は、日付が変わって二十五日になっている。

なんとなく気分が悪い。心臓がドキドキしている。さては、久しぶりに不整脈が出たか。

足を伸ばすと、あいたた。こむら返りだ。今夜のはかなり強烈だ。思わず「お母ちゃん」と叫びたくなる。じっとしておれなくなり、ベッドに腰掛けてみるが、おさまらない。心臓もざわざわして気分が悪い。

以前診てもらっていた先生から、そんな時は、「お水をゆっくり飲んで深呼吸をしてみて下さい」と助言してもらっている。

こむら返りも、ゆっくり歩くと少しずつ良くなるので、廊下を歩いてみる。そして、トイレに行く。便座に座るとまた強烈な痛み。「痛い」と声を上げそうになるのをこらえて、廊下を歩いているうちにだいぶ楽になってきた。

そのまま台所へ行って、コップに水を入れ、ゆっくり、ゆっくり飲み干す。

ああ、このお水がトイレに行きたくなる元だなあ、と思いながら深呼吸。そのうち、心臓のざわざわもおさまってきた。強烈なこむら返りも次第におさまってきた。

部屋に戻って漢方薬を飲もうかと考えたが、薬はたくさん飲んでいるので、できるだけ飲まないようにしようとやめた。その代わり湿布をお尻の左右に貼った。これは長年の経験で考えついたものだ。

ああ、寝る前に貼っておくべきだった。

イギリスでこんなことになったら、娘も迷惑だろうな、などとぶつぶつぼやいているうちに眠ってしまった。

で、すっきり朝が来たというわけにはいかず、三時と五時にまたトイレに行った。結局目が覚めたら七時半だったので、五時過ぎからは熟睡していたのだろう。気分がいい。

こんなことを夜中に五日間も続けられたら、娘もたまったものではない。こむら返りの薬、芍薬甘草湯をきちんと飲んで、湿布も貼って寝よう。

心臓の方は以前診てもらっていた先生から「T波が上がらない」ということでジゴキシンを処方してもらっていた。

その先生の後任の先生からは、「非異常性異形型」ということで心臓の薬は出ていない。今回の旅でも心臓の薬は出ていなくて、風邪にでも罹ったらということで下熱剤だけが出た。

二日間続けて付けるホルター心電図でも調べてもらったが異常はなかったので、先生も「これは、大丈夫」と思っておられるのだろう。

毎日がこんな状態で過ぎてゆく。八十代を生きるのは、こんなことかと、しみじみ思う。

世の中には、すごい九十代もいるのだが。

この年でロンドンへでも行ってみようという意気込みは、我ながら天晴れだ。捨てたものではない。このごろ、(ロンドン行きを考えると)足がすくむが。

さあ、行こう。なんとかなる。

五月二十八日

明日はついにロンドンへ向けて発つ。

芦屋の次女へ出発前の挨拶。

スマホに出た次女は、「イギリスは、スリが多いらしいから気をつけてね。スラれたと気づいて周囲にいるポリスマンらしい人に助けを求めたら、それがスリのグループでひどい目にあった人がいるらしい。必ず空港の事務所に連絡して身元の確かな人に助けを求めるように」と、丁寧に注意してくれる。スマホの近くにいるらしい孫達の声がするので、二人に「お土産は何がいい?」と尋ねると、上の中学二年生はマグカップ、下の小学五年生はカップとスプーンと答えた。色はピンクはだめで、青と赤の模様がついたのがいいと言う。男の子だからピンクはだめなのだろうか。

「きかんしゃトーマスの絵のついたチョコはどう?」と言うと、二人声をそろえて「興味なし」と言った。幼稚園の頃は、あんなに夢中だったのに。下の孫が「バアバ、問題がないように」と大人っぽく言ったので笑ってしまった。子供の成長は早い。私が年をとるのも早い。

「気をつけて行ってらっしゃい！」の声に、まずは、無事に帰ってきたいと思う。

荷物の点検は終わった。行程の確認を済ませた。戸締まりは、大丈夫だ。ご近所には、隣の方だけに留守を告げておいた。

京都の友人から電話が入った。

「短い電話だけさせて。ここでは、元気で帰ってきてね」と心のこもった挨拶だった。

明日出発というぎりぎりになったけれど、シャーロック・ホームズファンの峰さんに、「ホテルが、ベーカー街にわりあい近いので必ず立ち寄ると思うから、お土産は何がいい？」と尋ねたら、「何でもいい」と答えた。そして「帰ってきたら例の四人で食事に行こう」と約束した。

夕食を済ませ、一休み。家で飲む最後の薬。次々にお水で飲んで、目薬をさす。喘息の吸入も済ませ、睡眠剤も飲む。「今夜はよく眠れますように」と祈るばかりだ。はて、どうなるか。

五月二十九日

朝食もいつもどおり自分でととのえて、作った物は、完食。夕べの残りもののトウモロコシのスープは、おいしかった。

テレビが「みんなの体操」をやっている。今日も、いつものように「私の体操」にちょっと直して日課どおりやっておく。

「一時過ぎには家を出よう」と、娘に告げる。

国内移動もひと苦労（旅立ちの前日）

五月二十九日、姫路を出発、羽田で前泊。翌、三十日に日本を発って一路、イギリス・ヒースロー空港に向かう。

姫路から海外へ行くには、関西空港から出発するのが普通である。成田や羽田を利用することはない。

ところがこのコロナ禍で、ブリティッシュ・エアウェイズは関西空港からの出発便を削ってしまった。

関西空港を利用する場合は、姫路駅前から出ているリムジンバスに乗ると、直行で、二時間弱で空港に到着する。

羽田便だと、新幹線で品川まで行って、乗り換え、羽田空港まで行かねばならない。姫路〜品川間の新幹線が三時間、品川から羽田まで、三十分余り。乗り継ぎの時間を足せば、四時間にはみておかなければならない。その上、搭乗手続きに二時間、計六時間。家から姫路の新幹線駅まで一時間とすると、七時間……。この間に、すっかり体力を消耗してしまう。時間とホテル代がかかってしまうが、羽田で前泊するよりしかたがないという結論に至った。

二十九日午後、家を出た。新幹線で品川まで行く。品川駅は人の乗り降りで混雑していた。駅の売店で、今日の夕食分のおそばとおにぎりを買う。それにお茶も。明日の朝食は、サンドイッチでよかろう。

コロナに罹りやすいのは、マスクをはずしている食事時だろうから、これを避けるためには、買ってきた食べ物を部屋で食べることが一番危険が少ないというわけ。

買い込んだ食料を持って、夕方で混雑する羽田までの電車に乗る。空いている席はない。杖はついているものの、足をふんばっていても電車が揺れるたびによろける。座っている人達は、私よりずっと若く、健康そうであるが、一日の仕事の疲れのせいだろう。皆、うつむいている。前に杖をついて足をふんばっている老人に気を配る余裕はなさそうだ。両手に、先ほど買った食べ物などの入った袋を抱えた娘が、「お母さん、転ぶといけないから入り口のドアの所の手すりにつかまろう」と言って人混みをかきわけて先に進む。私は後について、やっと入り口までたどり着いて手すりにつかまった。これでなんとか三十分くらいは立っていられるだろう。

空港の駅に着くと、ホテルはすぐ近くにあった。簡素なホテルだ。シングルベッドが二つ。キングサイズなんかでなくてほっとした。

空港の夜景でも眺めたいところであるが、なんと、窓がないのだ。窓わくにガラスがはまっているが、外は、壁。まっ暗闇。こんな部屋に泊まったことはないが、大都会の土地のない所では、しかたがないのかもしれない。

娘とため息をついた。

「嫌なら、お金をもっと出せば？　いくらでも眺めのよい所へご案内しますよ、と言われそう」と二人で苦笑い。

まあ、清潔な点がよい。

買い物袋を開いて、先ほど、品川の売店で買った夕食用のおそばとおにぎりを食べて、お茶を飲む。一休み。疲れた。

もう羽田まで来ているので、明日はゆっくりできる。それは、やはりよかった。

私は眠る前の一連の行事、薬を飲んだり、吸入したり、点眼薬をさしたり、を終える。お風呂に入って休もう。

夜中に目を覚まして、じたばたして娘に迷惑をかけなければいいんだけど。……お休みなさい。

ヒースロー空港まで十三時間（ロンドンへ）

夜が明けたか?

夜中、一時、三時、五時と目が覚めて、トイレに行った。起き上がる時のシーツやパジャマの衣擦れの音に気をつけながらそろそろとトイレに行って、また床に入る。すぐには寝つけない。娘に気づかいながら、何回か寝返りを打っている間に、眠ってしまっていた。普段の生活でも夜中はこんな調子だ。ただ横に娘がいないだけ、気がねがない。

娘の寝息を気にせず窓に近づいて、もう起きてもよい時間だ。時計を見て「七時か……」。

ああそう、うん？　まっ暗。はずが、の、明るい光がさし込む五月の空。カーテンを開ける。だった。窓わくはあるが、窓の外は壁か何かで外が見えないようになっていたのだった。

ちょっとがっかりして娘に声をかける。

「もう起きてもいいんじゃない？」

「むむっ、むむっ……。今、何時？」

「七時」

「ふーん、もうそんな時間か。起きるとするか」

日本のホテルは、たいてい洗面用の歯みがき粉とか歯ブラシ、くしや化粧水が置いてある。パジャマも用意されていて便利だ。この一式だけでもけっこうな荷物になる。

バタバタと洗面を済ませ、朝食を摂る。湯沸かしポットに、煎茶、紅茶などが用意されていて、朝から部屋でゆっくりと食事ができる。昨夜、品川駅で買ったサンドイッチは娘がハムサンド、私がミックスサンドだ。

朝だか夜だかわからない部屋で温かい紅茶をいれて飲む。

服装を整え、身の回りの大切なものの忘れ物はないかと点検。

そうこうしているうちに九時が近づいてきた。受付でチェックアウトをして、空港へ向かう。宅配便のカウンターに行って、スーツケース大小二個を受け取りチェックインカウンターで荷物を預ける。やれやれ身軽になった。

手荷物だけ持ってパスポートを出し、チェックを受ける。

顔認証も、今は機械がする、人が一人ずつ点検はしない。手荷物の検査を受けて、ブリティッシュ・エアウェイズの搭乗口へ。

途中、免税店で日本の化粧品を買った。免税なのでその分だけお安い。荷物が増えただけかもしれないと思いながら……。

昼食は機内では出ないのでラウンジで何か食べておこうということになって、この航空会社のラウンジへ入った。

えらくあっさりした白木の造りで飾り気がない。広々としたラウンジには、お客が二組。

まず窓際の席に座って荷物を置く。窓の外には駐機場が見え、何機かの飛行機が見えるが、ブリティッシュ・エアウェイズの飛行機は、まだ入っていないようだ。

娘が足の不自由な私のために、昼食の足しになるような食べ物をカウンターから持ってきてくれた。パンと紅茶、娘自身の分はコーヒー。

「お母さん、鯛焼があったから持ってきたけど、一個では足りない？」

なんと小さくて可愛らしい鯛焼だろう。あまり食事の足しにはならないだろうが、イギリスの人には珍しいのかもしれない。

「まずロールパンでも食べてから、足りなかったら鯛焼でお腹をふくらませるとするか」

十三時十五分の出発。その後、食事が出るのは、何時ごろになるかわからない。

まあ、もう一個食べておこう。私は痩せてはいるが、食欲は旺盛だ。言いわけではないが、鯛焼と言っても普通の大きさの半分くらいしかない超小型のミニ鯛焼。これで一応昼食を摂ったことにする。

アナウンスがあって、広い空港内を案内にしたがって移動する。

いよいよ出発。わくわくする。遠足へ行く前の小学生の気分だ。

広い空港内を杖をついて歩いていくのは、けっこうしんどい。娘に遅れがちになりながら歩を進める。

飛行機の乗り口というものは、いつもながら嫌な気がする。

「大丈夫かな？　落ちないだろうね」と不安になるのだ。地獄の一丁目か？　などと……。

こんなことは、亡くなった夫にも言ったことはない。「私はいつ死んでも思い残すことはありません」などと言っている。だが本音は、未練たらしい人間なのだ。

入り口で英国人らしいＣＡさん達がお出迎え。というより数人が立っていた。話をしている人もいる。

整列しているでもなく、ハローと挨拶をするでもない。えらくあっさりしている。後ろの人達に押されるようにして前へ進むと案内してくれる人がいて、座席まで連れていってくれた。

座席は横に並んでいるのではなく、二席ずつ対面になっている。それは、会話を大切にする英国人向けであると言う。

私と娘が向かい合って座る。娘と私の間にはプラスチック製の仕切りがあって、上下にスライドできる仕組みになっている。座ってしまえば、隣の席に気がねしなくていいのだが、トイレとか、お茶をもらいに行くとかの移動が不便だ。通路側に座っている私は、立てば通路なのでよいのだが、窓際に座っている娘は立ち上がると、私の後方から出なくてはならない。

いよいよ離陸するアナウンスがあって、荷物は棚に上げて下さいと言っているようだ。娘が「お母さん、杖は機内で使わないでしょ。棚に上げてあげよう」と言ってくれる。「自分で上げられるからいい」と言っていると、背の高い女性のＣＡさんがやって来て棚に上げてくれた。礼を言ってしばらくすると、かのＣＡさん、またやって来て「車椅子をお持ちしましょうか」と言ってくれた。娘が「機内で歩くくらいは不自由ではないから車椅子はいらない」と伝えてくれた。

それからが大変だった。入れ代わり立ち代わりやって来て「気分はどうか」「困ったことはないか」と心配してくれる。「何か必要な物はないか」とか……。

言い方は悪いが、寄ってたかって親切にしてくれる。

トイレに行こうとすると、若い男性のＣＡさんがついて来てくれた。いくらお婆さんでも、ちょっと恥ずかしい。男の子なのに心配してくれて優しいんだなあと感謝はした。

飛行機は順調に飛んでいるようだ。ヒースロー空港まで約十三時間。現地時間、夜八時ごろヒースロー空港に到着予定だ。

離陸してから二時間くらい経って食事が出た。イギリスに行ったことのある友人達は、食事はあまり期待しないほうがよいと言っていた。案に相異して、サラダのドレッシングの味がとてもよく、私の口に合った。牛肉はやめて、チキンにした。これも、まずくはなかった。イギリスに何度も行っている友人のお勧めはトマトジュースだったが、これは、私には塩味が強すぎるように感じられた。これも好みの問題だろう。

食事が済んで、しばらくすると消灯。

「これ以後は、夜ですよ」ということだ。

七時間くらい経ってから電灯がついて、日よけが開けられるようになった。

イギリスの時間では、午後五時くらい。次に出てくる食事は夕食ということだ。

飛行機の時間の流れは、食事と消灯で調整されているらしい。

夕食が次に出て、しばらくすると、この飛行機ともおさらばだ。

お茶をもらいにギャレーに行った娘が、にこにこしながら帰ってきた。

「お母さん、あのカッコいい金髪の青い目の若いＣＡさんが『ママはどうしているの？　大丈夫か』と胸に手を当てて心配してくれていたよ」と。

まあ、なんと優しい。日本で若い男性に心配されたことなど一度もない。若い男性が近づいてきたら、「どけ、どけっ、じゃまだ」と杖をついている私は飛ばされそうになる。

まあ、こういう手合ばかりではないが、気をつけるにこしたことはない。

イギリス人は気位が高く、東洋人の老人なんかには冷たいのではないかと心配していたが、全くの思い過ごしであった。

CAさんの仕事上の親切だとは言い切れぬ、優しく親切な人達であった。

飛行機がヒースロー空港に到着した。

CAさん達ともお別れだ。お礼の一言も述べたいと思いながら出口まで進んだ。

CAさん達は忙しそうにしているし、後ろから乗客がせわしな気にやって来る。

残念ながらお礼の挨拶をする暇はなかった。


ああ、ロンドンの光！（五月三十日　ロンドン時間午後八時）

流れに乗って空港内を進み、ターンテーブルで自分の荷物をキャッチする。

さて、ホテルへ向かうのだが、ヒースロー空港はロンドンの街はずれにあるのでホテルまで一時間くらいかかるとみている。

タクシーは黒の車体のブラックキャブというのが公認で安心できるらしい。

娘がスマホでタクシーをつかまえに行く。便利なシステムだ。

「様子を見てくるから、ここで待っていて」と言って、出ていった。

一人で空港内をきょろきょろしながら、ちょっと不安な気分になる。時計は英国時間に合わせているので、午後八時をさしている。

時計を見たり、あたりを見回したりしていると、娘が帰ってきた。

このまま外へ出ると、タクシーはすぐつかまるらしい。

「さあ、行こう」とせっつく。

「あれっ、さっき時計を見たんだけど、時計がない」

「今ごろ何を言ってるの」

「どうしたのかしら、しょうがないわねえ」

「安物の時計は放っておいて、さっさと行こう」と手厳しい。

確かにロフトで買った安物ではあるが、なければ不便だ。それにもったいない。

未練たらしく、きょろきょろと見回す。下に落ちていないかと確かめる。

「お母さん、早く、早く、タクシーをつかまえないと」とせき立てられる。せかされてしかたなくタクシー乗り場へ。

でも一体、あの時計はどうなったのだろう。

娘を待っている間、時間を確かめた時には腕にあったのだ。繰り返し考えてみるが、全く思い当たる節がない。

「何かボケてたんやろう」と娘は冷たい。

黒色のタクシー、すなわちブラックキャブなるタクシーがやって来た。

ドライバーさんは中年の男性だ。荷物をトランクに積むのを手伝ってくれる。

空港を後にしてホテルへ向かう。

空港の周辺は、どこの国のどの空港も似ている。飛行機の離発着で広い土地が必要なのだろう。ヒースロー空港も一段高くなった草地が続き、その草地が尽きるあたりから市街地が現れる。

夜八時とは思えない明るさの中を、タクシーはけっこうなスピードで走る。途中、道の悪い所もあって、どこん、どこんと揺れたりする。ブラックキャブは、優秀なドライバーでないと乗ることが許されていないらしいから、まさか事故はおこすまい。

外国でタクシーに乗るとなれば、チップのことが悩ましいが、今時、英国ではスマホ決済でチップは込みというからすばらしい。

どこをどう走っているのかわからないが、私の事前に調べたロンドンの地図からすると、北へ向かっているはずだ。道は二車線で車の量は多くはない。これは、八時という時間のせいかもしれない。

やっと着いた。一時間はかかっていない。

大きな立派なホテルの前にタクシーは止まった。さすが、なんと言ってもヒルトンだ。ドライバーさんがトランクからスーツケースを出すのを手伝ってくれる。娘がスマホを見せて、ドライバーさんがチェックする。

これでOK……なんとすばらしいシステムだろう。「サンキュー」とだけ言って、ブラックキャブとはお別れ。

ホテルの入り口は堂々たる構えだ。だが何かが違う。ひっそりしていて、ドアマンもポーターも出てこない。あたりを見回してみたが誰も出てきそうにないので「誰もいないのかなあ」とつぶやく。

「どうなっているのかしら？」と娘も。

「まあ、入ってみよう」とドアを押して入ってみると、シーンとしたロビーに受付がある。長いカウンターがあって、受付らしい人が端と端にいる。二人とも知らん顔をしているので

「くーちゃん、聞いてみようよ」とうながすと、娘はカウンターに向かって歩きだした。私もスーツケースを引っぱってついていく。

受付に声をかけると、思いのほか、てきぱきとチェックインの手続きをしてくれた。部屋は、裏の棟の十三階だった。鍵をもらって（もちろんカードの鍵）、裏の棟へ歩いていく。途中には、トイレやレストランがあり、朝食はここで摂るのだろう。レストランには、まだ何組かの客がいて、けっこうにぎわっている。夜の八時を過ぎても客達は、食事を楽しんでいるのだろうか。

エレベーターの並んでいるフロアへたどり着いて、十三階へ上がる。

やっと部屋を見つけて中に入る。日本のこれくらいのクラスのホテルだと、仲居さんかボーイが案内してくれて、「お疲れ様」の一言もあるところだ。そう言えば、この部屋にたどり着くまでお客にも従業員らしい人にも出会わなかった。この時間は勤務外なのか？

カードを差し込むと、ドアが開いたと同時に部屋の明かりがついた。

部屋は思いのほか広く、シングルベッドが二台、窓際に長椅子と机が置いてあった。吸い寄せられるように窓際に立った娘が、「お母さん、お母さん、あそこに見えるのはロンドン・アイじゃない」と声を弾ませる。

「どれどれ」と言っても私の視力では、見えるはずはない。「やっぱり見えないなあ」とため息まじりに言う。

「あれ、お母さんの真っすぐずうっと向こうに、指輪のようになって赤く光っているやつ」

言われて目を窄め、彼方を見ると、夜の景色の中で指輪の輪っかの形にルビーをはめ込んだように光っているのをやっと見つけだした。

「見えた。見えた」

いつの間にか日は暮れ、ロンドンの街は闇の中に沈んでしまっていた。

「よかったねえ。お母さんの目にも見えるのねえ」

「うん、小さくだけど、あれがロンドン・アイだと思う。そうするとあのあたりにテムズ川が流れていて、ビッグベンもあるのか」

ああ、ロンドンに来た。あのあたりの光は、ロンドンの中心部だろう。明日からの街歩きが楽しみだ。

「お母さん、まだ少し明るいから、前のマークス・アンド・スペンサーが開いているうちに夕食分と、明日の朝食分を買ってくるわ」

明日は疲れているので早朝六時の朝食はやめて、スーパーで買ってきたパンと牛乳でがまんすることにした（なんとこのホテルの目の前に、かの有名なスーパーM&S、すなわちマークス・アンド・スペンサーがあるのだ）。

娘が出ていった後、ゆっくりと部屋を見渡すと落ちついた色調の家具が入っている。

バスルームとトイレが一部屋になっているのは、普通だろう。

歯みがき粉と歯ブラシにタオルも揃えてあった。これは大助かりだが、パジャマはない。

枕元に時計がないのにはがっかりした。夜中に三回起きるので時間を確かめたいのだ。

ああ……。それにしても空港で消えた腕時計があったら。そのために旅立ちの前にあわただしく、できるだけ安い時計を買って持ってきたのに……。しかたがない。スマホでも見て時間を確かめよう。

ごそごそしているうちにパンやサンドイッチを買って、娘が帰ってきた。

マスクをはずして、洗面所で手洗い。

長椅子に腰掛けて、お茶を飲む。

「ああ、疲れた。明日は、ゆっくり寝ていよう」

「うん、くーちゃん。あんたのおかげで、無事ホテルまでたどり着いたわ。ごくろうさん」

と、ねぎらいの言葉をかけた。

やはり、シングルベッドが二つというのは助かる。キングサイズのベッドに掛けぶとんが一枚きりなんて、考えただけでもため息ものだ。食事は、まあまあの味。さっさと夕食を済ませてお風呂に入って、あとは寝るだけ。

「お休みなさい」

ホームズゆかりの地（五月三十一日）

夕べは、私が何度も起きるので、さすがの娘もまいったらしい。

「ベッドはできるだけ離れているほうがいい。お母さんが起きるたびに目が覚める。私は今夜から長椅子で寝る」と言って、シーツと掛けぶとんを持って窓際の長椅子に移動した。

したがって、私の横のベッドは空いて寝返りを打つたびに娘を起こさないかと、私もひやひやせずに済む。私のベッドは入り口に近い方でトイレにも行きやすい。母娘であっても娘に気を使うし、そのほうが娘にも遠慮せずに眠れる。

さすが娘は、まだ四十代だけあってよく眠る。八時になってやっと起きだした。

窓の外は五月晴れ。ってロンドンでも通用するのかしらん。夕べ見たロンドン・アイは、明るい光の中では、私にはかえって見えづらく、あのあたりだったかなあと、ぼんやり見ていると、娘が「お母さん、今日は、よく見えるわねえ」と言う。

「私には、今朝は夕べと違って見えないわ」

「便利の悪い目やねえ、残念やねえ。でも、今日は、ベーカー街の後、テムズ川の船に乗るから、ロンドン・アイは近くだし、ビッグベンもよく見えるよ」となぐさめてくれる。

「リージェンツ・パークのクイーン・メアリーズ・ガーデンズのバラはどうかしらね」

「まだ終わりということはないでしょ」

「うん、まだ五月だもんね」

洗面を済ませ、昨日、M&Sスーパーマーケットで買ってきてくれたロールパンやクロワッサンを食べる。

楽しみにしていた紅茶は、いれ方が悪いのか、感動するほどではなかった。

「さて出かけますか」と娘が立ち上がる。

「そう、そう、チップはどうする?」

「そうねえ、一ポンドでいいんじゃない」と娘が言うので、一つのベッドに一ポンドずつ置いておいた。

さあ、シャーロック・ホームズのベーカー街へ。荷物はショルダーバッグだけ。日本と違って少々寒い気がするので、薄手のセーターにジャケットを羽織った。

エタノールの入った小さな噴霧器は、必携品だ。マスクをして外に出る。見渡したところ誰もマスクをしていない。

コロナを恐れて人混みを避け、食事も買ってきたパンを部屋でかじっているのだ。

マスクくらいなんのその。誰一人としてマスクをしていなくても平気だ。コロナには絶対罹らず、日本へ無事帰り着くぞ。

ホテルの前にはM&Sがある。うまい具合に、このスーパーの前がバス停だ。とても便利がよい。あまり待つことなく二階建ての赤いバスがやって来た。

「お母さん、ちがう、ちがう。それに乗ったらだめ」

ふーん、よく調べているもんだ。次に来たバスの番号を見て娘が言った。

「さあ乗るよ。お母さんはキャッシュカードを出して、運転手さんの横の機械の上に載せて。私はスマホがあるから、これを載せるとOKなの」

「ふーん、便利なもんだわね」

「さあ、さあ、先に進んで。人が後から乗ってくるでしょ。早く」とせかせる。

バスの中ほどにある降り口の近くに、二人用の椅子が空いていた。障害者用の席であったので、娘と二人並んで座った。私の横は通路で梯子があって、二階席へ上っていくようになっていた。

ああ、これがロンドン名物の二階建てバスか。赤いバスは、新品のピカピカを想像していたが、使いこなされて色はだいぶあせていた。まあ、市民の足だ。このくらいの色が、街にはしっくりと合う。英国の旅行案内を見るとこのバスが大々的に掲載されているが、そんなけばけばしいものではないのだ。

「お母さん、二階に上がって見てくるけど、お母さんは足が悪いから上がらないほうがいいよ」と言って、二階へ上がっていった。

しばらくして、降りてきた娘は、「どうってことはない。お母さんは、この窓から見てるだけで充分だわ」と言った。

ちょっと上がって見たかったけれど、揺れるバスの中で梯子を登っていく自信がないのでがまんした。

バスは、ベーカー街に着いた。

降りる人は私達だけだ。乗客は通勤客か買い物に出る人達だったのだろう。このバス、赤色の二階建てのロンドン名物のバスは、ロンドン市民の生活の一部なのだと感慨深かった。

バスを降りた。いやいや、これがあのシャーロック・ホームズの生活をイメージしたベーカー街か。なんだか、古い映画の世界に入ってきたような気がする。うまく造ったものだ。馬車が二台、すれ違えるくらいのけっこう広い通り。片側は、五階建てか六階建てのマンションらしき建物が何棟か並んでいる。

白い壁に黒っぽい枠が嵌め込まれた窓が、どの家にも同じように取り付けられている。それぞれの家には、ベランダに出る扉がついている。景観を損ねるような洗濯物や植木鉢のような物は、どの家にも見当たらず整然としていて、この街の雰囲気を形成している一角となっている。

片や、向かいの建物はかなり商業的である。シャーロック・ホームズが下宿していたとされる家の前には、若くて人懐こそうなお巡りさんが、姿勢を正して立っていた。

娘がスマホを向けるとにっこり笑ってくれる。まだ、あどけなさの残る若いお巡りさんだ。後で知ったのだが、それが本物のお巡りさんではなかった。そうだよなあ、あんまりうまくできすぎているもの。

近辺には、土産物を売る店もあるし、食事をする店もある。

何かシャーロック・ホームズの街を訪れた記念になるものが欲しいので、土産物屋に入ってみた。写真、絵葉書、ホームズの形をしたマグネットなど。店番をしているのは、気取りのない中年の女性。目が合うと、にっこり。

ベーカー街を表す地下鉄のマークがついたマグネットが見つかったので、シャーロキアンを自認する友人のために一個、我家のためにも、もう一個買った。このホームズの下宿はホテルから近いので、帰国するまでにまた来ることができるから、今日はこれくらいにしておく。

シャーロック・ホームズゆかりのレストランもあるが、外食は我々の方針に反するのでやめておいた。

通りに出て、リージェンツ・パークへ向かって歩いていると、マダム・タッソーの蝋人形館があった。かの有名なマダム・タッソーの蝋人形館がこんな所にあるとは知らなかったので、いささか驚いた。入り口から五十メートルもあろうかという行列ができていた。さすがだ。我々は、あまり関心がないというか、私はちょっと気味が悪いので、さっさと通り抜けた。

そのまま通りを歩いていると、通路の真ん中に一際高く、ホームズの銅像が現れた。台座が私の背の高さくらいあり、その上にかのシャーロック・ホームズがマントをひるがえして立っていた。見上げるホームズの鼻の高いこと。私の鼻なんか、彼に比べるとないに等しい。

なんだか、このあたり、さっきのホームズの下宿から家政婦のおばあさん（ハドソン夫人）が出てきそう。

きょろきょろと、ベーカー街をけっこう楽しんで街の尽きる所まで来た。

この道を真っすぐ北へ向かって歩いていくと、リージェンツ・パークに行きつくはずだ。

ベーカー街のにぎわいをはずれた所には、五階建てか六階建てのマンションが建ち並び、色も落ちついた青っぽいそれらの建物は、何かの宿舎のように思われた。

イングリッド・バーグマンに出会う！（リージェンツ・パークのバラ園へ）

右手に私の背の倍はあろうかと思われる鉄製の柵が現れた。単なる鉄柵ではなく、天辺は三角にとがったり、丸く曲げてあったり、装飾が施され、柵とは言え、おしゃれで優雅な感じを与えている。内側には、柵に沿って樹木が植えられており、公園の近くというより、この内部は公園なのだろうと想像した。

急に門が現れ、のぞき見ると、アスファルトの道が奥へと続いていた。

入り口に「犬を連れて入ってはいけない」と書いてあった。こんな公園の中で犬を散歩させる人がいるんだなあ。さぞ犬も飼い主も気分がいいだろう。

では、なぜワンちゃん入園禁止なのだろう。やっぱり犬は、おしっこやフンをするからだろうと、娘と二人、合点した。

その入り口には管理人もいないし、どうやら他にもっときちんとした正門のような所があるはずだと、先に進むことにした。

同じ景色の続く道路を歩いていくと、やはり正門らしい所に着いた。といっても、そこにも管理人らしき人はいなかった。他の人も入っていくので、私達も中へ入っていった。その先に、バラ園が見えてきた。

クイーン・メアリーズ・ガーデンズだ。ああ、やっとあこがれのバラ園に来た！

空は晴れて、気温もちょうどよい。

バラ園は、私が想っていたのとは大違いだ。バラのアーチもバラの東屋もない。

大きな一塊のバラが種類ごとに、どーんと植えられている。

右にも左にも、前方にもその塊が、見事に、堂々と植えられている。草一本生えていないバラの根元は、今まで私が見たこともないようながっしりとした根がはっており、というより、まるで幹のような枝が下から立ち上がっている。バラは、今、見頃であった。よい時に来た。一塊が同じ種類の同じ色にそろえてあるので、ボリュームがあって、たくましい。

高さは、私の胸のあたりに切り揃えられており、顔を近づけるには、もってこいの高さだ。

顔を近づけるまでもなく、バラの香りが漂っている。

白いバラは、スワンだ。ピンクのバラも、淡い色のバラ、濃い色のバラとそれぞれの株ごとに「今は五月、私の季節」とばかりに、妍《けん》を競っている。

一つのコーナーを過ぎると、次々に異なった種類のバラが現れる。

私の好きなピースはどこかしら。

若い頃、苗木屋さんで見つけて、それからずっと生家で育てていた。黄色味がかったピンクの大輪のバラだ。

第二次世界大戦後、フランスで作られた品種で、「お母さんに捧げるバラ」だそうだ。あたたかみのあるピースは、名前のとおり平和を願うバラである。このピースにイギリスで会いたいと思っていたが、見つからなかった。

「お母さん、こっちへ来て。綺麗《きれい》なバラがあるよ」と、娘が呼ぶ。

幸い、この日はこのバラ園を訪れている人は少なかった。

行ってみると、なんとすごい！　真紅のバラだった。深みをおびた赤い花びらが、びっしりと、ひしめき合っていた。影がそれぞれの濃淡を際立たせている。

「ごっついなあ！」と、つい関西弁が出る。でも、〝ごっつい〟というより、よい表現が見つからない。

「えっ？　なになに？　『イングリッド・バーグマン』？　うまいこと名づけたねえ」

これもまた他に名づけようがないほど、ぴったり。

娘に「あんた、イングリッド・バーグマンて知ってるの？」と尋ねると、「そらまあ、よくは知らないけど知ってるよ」と言った。

バーグマンはスウェーデン生まれで、イギリスやアメリカでも活躍した超大女優だ。一九一五年生まれだから、私より二十六歳も年上なのだ。テレビもない時代、映画全盛の頃のスターだ。同じ頃のスターにヴィヴィアン・リーがいる。娘が知っていたのには驚いたが、ネット時代だ。知ろうと思えば、調べることは簡単なのだろう。

娘と二人だけの旅、英語が堪能というわけでもないのに、彼女がスマホで調べまくって、ロンドンの街をあまり不自由なく歩いている。すごい世の中だ。

空間を超えて、日本からイギリスへやって来た。また、時間を超えて娘は、イングリッド・バーグマンにも出会っていたのだ。

二人で、イングリッド・バーグマンと名づけられたバラを飽かず眺めた。来てよかった。「バラはすごいけど、見せ方にもう一工夫あってもいいのにねえ」と、私が姫路ばら園を思い浮かべながら言うと、娘は「確かに」と短く答えた。

「日本庭園」という場所があるらしい。二人でそこへ向かって歩いていると、背の高い中年の男性がすれ違いざまに「グッド・アフターヌーン」と小声で言って通り過ぎていった。私は、まだ午前中の感覚だったので、あれっ？　彼は何を言ったのかと考えている一瞬の間だった。せっかく声をかけてくれたのに挨拶もせず失礼なことをした。

池が見えてきた。

木立ちに囲まれた一角に「日本庭園」はあった。というより、そこは池だった。

池にはスイレンが葉を漂わせ、岸辺には黄菖蒲が花をつけていた。

木で出来た小さな橋がかかっており、そこを渡って次へ進んだ。

黄菖蒲は、実家の家の池にも植えてあり、少女の頃からこの花が咲くのが楽しみだった。

スイレンの池というとモネの〝スイレン〟を思いだすが、あの池の橋は鉄製でしかも青いペンキが塗ってあり、フランスでモネの庭を訪れた時、一緒に行った友人の富士子さんと「ちょっと、趣味が悪いね」とけなしたものだ。だがここの橋は木で出来ており、日本庭園の名に恥じるものではないと私は思った。

足かけ五年もかかってしまったが、このバラ園に、しかも、この季節に来ることができてよかった。がまんしたかいがあった。

時はずっと遡るが、平安時代末期の歌人西行法師は、桜を求めて全国を旅した。歌枕で有名な小夜の中山を歌った名歌がある。

年たけてまた越ゆべしと思ひきや
　命なりけり小夜の中山

西行法師は願いがかなってこの歌を詠んだ。それは、命があったからだ。「命なりけり」が心にひびく。

私は西行と異なって、飛行機で遠国からやって来て、雨露の心配なくホテルに泊まっている。

大きなちがいとは言え、コロナ禍の中、誰一人つけていないマスクをつけて、心細い思いをしながら、バラを見るためロンドンへやって来た。名人、西行と比べる気はないが、この思いを歌にして記念としたい。

バラ、イングリッド・バーグマンを詠む、腰折れ二首

杖つきてたどり着きたるバラ園に艶然と真紅のイングリッド・バーグマン

ローズガーデンに西行法師のしのばれて一期一会のイングリッド・バーグマン

バンクシーって何？

リージェンツ・パークの地下鉄駅へやって来た。

地下鉄の入り口に黒いボロをまとった人らしいものが、丸くなって寝ていた。顔は見えない。驚いて、うっかり、じろじろと見てしまった。どうやら物乞いらしい。ロンドンのような世界でも有数の文明・文化の国にも、まだ世の中から取り残された人が、都会の片隅にいるのだ。気の毒なような、寒々とした気分になった。後ろ髪を引かれる思いで、その場を通り過ぎ、地下鉄の駅へ降りていく。エスカレーターのベルトに片手でつかまり、杖を持った左手を娘に支えてもらう。

ずいぶん急な角度で、下まではかなり長い。

日本のエスカレーターでこれほど長くて急なものは乗ったことがない。

地下の地下鉄乗り場に降りてきたが、一体どこへ行けばいいのか。柱の表示板を見て、娘が「こっちらしい」と言う。

「何でわかるの」と聞くと、数字で行き先がわかるようになっていると言う。

間もなくやって来た電車に乗って、ウォータールー駅へ。

この電車は、テムズ川の北側から南側へ出る。

ウォータールー駅を出ると、高い建物の間を通ってテムズ川の河畔に出た。ここは、サウス・バンクだ。

川に沿って遊歩道が続いている。遊歩道と言っても、ただ散歩するだけの狭い道ではなく、広場と言ったほうが正しい。あちらこちらに人だかりができていて、大道芸をやっているグループもある。雑然として、にぎやかだ。

目を対岸に転じると、尖塔を持った建物がずらりと並び、その端にビッグベンが一段と際立って街を見おろしている。

これぞ、ロンドンだ。

川べりに立ってテムズ川を見ると、濁った黄色みがかった水が、豊かにゆっくりと流れている。

「お母さん、お腹すいたねえ。さっきリージェンツ・パークで〝グッド・アフターヌーン〟って挨拶して下さったから、お昼も過ぎているんじゃない？」

「うむ、お腹、すいてきた」

「その辺のお店で何か食べ物を買ってくるから、お母さんは、動いてはだめよ」と、小学生に言い聞かせるように言って人混みの中に入っていった。

コロナ対策として、マスクをはずさなければならない食事時のことを考えて、レストランは利用しないことに決めている。

心配性の娘は、飲み物にも注意深く、自宅からペットボトルを持ってきている。

「荷物は置いていくから、よく見張っていてね。何しろロンドンはスリが多いって言うから」と念を押して……。

植え込みを見つけて、その縁石に座っているが、座り心地が悪い。早く帰ってきてくれないかと、心細い。

ロンドンの人から私を見ると、どんな風に見えるのだろう。マスクをしたイエローの老女が、杖を握って縁石に一人座っているなんて。だが、見渡したところ、誰も私に注意を向ける人はいない。

それよりも、そもそも種々雑多で、白人もいるし、黒人もいれば、スカーフを巻いた目鼻立ちのはっきりした女性もいる。いわば、全世界の人々がなんのこだわりもなく、混じり合っている。片寄りがない。そうだ、イギリスは、難民をたくさん受け入れている寛大な国だと改めて思い知らされた。

「お母さん、お待たせ。お店は混んでいて、だいぶ待たされた」と言って、紙袋を抱えて戻ってきた。

娘も座って、買ってきたサンドイッチを二人で食べ始めると、どこからともなくハトが集まってきた。どこの国も同じだなあとハトを手で「シッ、シッ」と追い払う。二、三歩下がるが、そこからは動こうとしない。

我家から持ってきて入れたペットボトルのお茶は、やはり飲みなれたなじみのお茶だけあって、ほっとする。サンドイッチは日本で食べているものと変わらない。

「船に乗る前にトイレに行っておこう。船の中にもあるらしいけど、落ちつかないでしょう」……ふむ、ふむ、そのとおり。

大道芸も終わったのか、芸人達は道具を片づけ始め、見物人も散っていく。

広場の端にトイレらしき小さな建物があり、人が並んでいるので私達も並ぶ。

順番がまわってきて、入り口で中年の女性にお金を払う。と言っても、ここでもスマホでチェック。そう言えば、先ほどの地下鉄もお金は払わなかった。現金は徹底して使わせない仕組みだ。日本は遅れているのか。

紙やアルミ、銅などのムダが省ける。これは、見習わなければならないのかもしれない。

トイレ番の女性にうながされて「お母さん、お先にどうぞ」と娘。一番奥のドアが開いたので前に立つと、なんと中から男性が出てきた。このトイレの前には、男性も女性も並んでいたのはわかっていたが、中へ入ると男女別々になっているのだろうと無意識に思い込んでいたので、驚いた。

その男性、なかなかの大男で、この人が使った後に私も使うのかと、ちょっと、いや大いに気持ちが悪かった。

この時に使わずいつ使うのだと思って、娘に持たされているエタノールを便器に吹きかけ、ティッシュでぬぐった。外に出ると、次の番は女性だった。イエローのお婆さんが出てきたのでびっくりするかと思いきや、全く平然と私と入れかわって中へ入っていった。私に差別性があるのだろうか。

人種差別も男女差別もここまで変わってきているのかと感じ入った。一昔前に聞いていたイギリスの社会とは、ずいぶん違う。

いよいよテムズ川下りの船に乗る。

一番乗船時間の短いコースを選んだ。往復で一時間弱。

このテムズ川クルーズ船を利用すると、川の両岸に、ロンドンで有名な建物が見られる。

「ロンドン橋落ちた」で有名なロンドン橋とか、ロンドン塔が左岸に、帰りは、その対岸にあるシェイクスピア・グローブ座も見られるはずだ。

乗船を待つ間にロンドンの地図をテムズ川を中心にして考えてみた。テムズ川は大ざっぱに言えば、ロンドンの中心部を「S」の字を下から書いたように流れている。西の方から流れてきて北へ向かい、すぐ東に曲がって流れていく。したがって、川の西側にウェストミンスター寺院やバッキンガム宮殿がある。川の南東の部分がサウス・バンクで川の北側にも市の重要な建築物が並んでいる。まあ、単純にとらえれば、そういうことになろうか。

乗船の順番が来て、私達は左舷の前方の席を探した。前に四人の学生らしい青年が座っていた。その後ろに私と娘は腰をおろした。

船がゆっくり動きだした。

「すごいわねえ。有名な建物がずらり。でも、あのビッグベンは、存在感があるねえ」

「そうだけど、私はロンドンに来たからにはバンクシーを見たいわ」と娘。

「バンクシーって何？」と私が娘に聞いた時、私の前の青年が驚いたように後ろを振り向いた。日本語がわかるはずがないから、どうやら〝バンクシー〟に反応したようだ。彼は私と娘を見て、あわてたように前を向いた。

娘が小声で「バンクシー好きなんかしら」とささやいた。

「バンクシーって、そんなに有名なの？」

「知らないのは、お母さんくらいでしょ。バンクシーというのは、英国の街角に描かれた、まあ言ってみれば落書で、今では何億円もするんだけど、壁なんかに描かれているので、売買はできないのよ。バンクシーは印刷物や看板、映画のデザインもしてるの」

そんな人の絵が有名だとは知らなかった。近ごろ私も、こんな「へぇー」と思うことが増えてきた。

船は、小さいながらも波を蹴立てて前進していく。最初の橋が、ウォータールーブリッジ。次がブラックフライアーズ・レイルウェイブリッジ……。

ロンドン名物の立派な橋。船内のアナウンスで説明しているが、残念ながら全然わからない。ロンドン橋の時は、耳をそばだてて聞き取った。

と、間もなくロンドン塔が見えてきた。イスラム風の寺院のような丸い屋根を持った塔が見える。そんな塔が四角形に配された大きな城だ。元は城砦を兼ねた宮殿であったのが監獄に。その塔は暗い灰色でなく、暖かい色だった。夏目漱石の『倫敦塔』では、かなり陰惨な描写になっているが……。

その印象が強くてロンドン塔の見学はやめにしたのだが、今見ているあの塔なら入ってみてもよかったかなあと思う。

船内放送で、今は、タワーブリッジの説明をしているらしく、感嘆の声が上がっている。タワーブリッジのあたりで船は引き返す。帰りぎわ、サザークブリッジの近くに、シェイクスピア・グローブ座が見えてきた。

ロンドンへ来る目的の一つが、このグローブ座だ。今は「真夏の夜の夢」を上演中だ。

明日は、このグローブ座へ「真夏の夜の夢」を観に行くことになっている。楽しみだ。

船を降りると、まさに目と鼻の先にロンドン・アイがある。人々が長い行列を作ってい

る。私達は、余分にお金を払って先回りできるチケットを買っている。一時間くらい待たねばならないところを、「お先にご免」とばかりに行列を尻目に先に入場する。「地獄の沙汰も金次第」というやつだ。世界最大級と言われる観覧車でもこれだ。先回りするチケットは有難かった。

観覧車と言うから足もとが透けて見え、風通しもよく揺れたりするのかと思っていたが、そんな動物園にあるようなちゃちなものではなかった。丸みをおびたガラス張りの箱のような小部屋で二十五人が、その一つ一つに乗ることができる。したがって一室に二十五人入っているということだ。娘が例のように、「こんなせまい所に密になっていて、コロナ、やばいんじゃない?」と心配し始めた。

だが、乗ってしまった。動き始めたからには、どうしようもない。彼女も腹をくくったようで、おとなしく座って外やら、足もとのテムズ川沿いの景色やらを眺めていた。

昨日、ホテルから見えていた光の輪の中の一つに今、乗っている。

我々のホテルは、空中散歩で北へ真っすぐの所にあるはず。北のほうがテムズ川より高くなっているのだろう。あの光は、眼下に見えていたから。あちらこちらと見回しているうちに、なんだか楽しくなってきた。

この観覧車の中には、いろんな人がいる。近くの町からやって来た子供連れ、外国から来た私達のような人達。種々雑多の人々が、なんの違和感もなく共に景色を楽しんでいる。世界中がこのように皆、仲よく平和であるといいのに。ここに、こうして共にいられるのは、本当に幸せなことだ。

後で思えば、お婆さんやお母さんに連れられた可愛い女の子が二人いたが、私も孫が二人いるので、「今日は」とか「お年は幾つ？」とか聞いてみたい気がした。だが、サングラスをした東洋人のお婆さんに話しかけられて、怖い思いをさせたら申しわけないと思って遠慮した。けれど、サングラスを外して、挨拶くらいしてもよかったかなと心残りだ。

リージェンツ・パークで、すれ違いざま「グッド・アフターヌーン」とさり気なく挨拶をしてくれた男性のことが心に残っているのだから。

エッジウェア・ロードのホテルに帰る途中にタピオカの店を見つけて、娘は大喜びをしている。何しろ姫路のタピオカ屋さんは閉店してしまうし、次女の住む芦屋駅のタピオカ屋さんもなくなった。タピオカが大好物だった娘は、大いに落胆していたから。

タピオカのお店は、ジュースや紅茶などの飲み物も置いてあり、中学生か高校生らしい数人が、ジュースを飲んでいた。下校してきたところなのだろうか。中東地区なのでアラブ系なのだろうか。色白で黒い髪をした真面目そうな少年達が楽しそうに話していた。元、中学校教師としては大いに興味がわいたが、マスクに黒のサングラス、杖をついたお婆さんに突然話しかけられて、少年達を怖がらせてはいけないと、ここでもがまんした。

ホテルの前まで帰ってきたので、M&Sで夕食のパンやお菓子を買って帰った。

テムズ川での追憶（六月一日　グローブ座）

今朝からは早起きして、人気《ひとけ》のない時間に朝食を摂る。人が少ないと、混雑するということはないから、コロナに罹る割合も減るというわけだ。誰に見られても、ここはロンドンだから恥じることはない。顔だけ洗って化粧もせずに、「さあ、行くわよ」と娘。

一階のレストランへ直行。さすが、誰も来ていない。六時過ぎ、レストランが開いたところだ。部屋のカードを見せると、受付の男性が席に案内してくれた。日本のホテルと同じシステムだ。席に着くと、すぐウエーターがやって来て、コーヒーか紅茶かと聞いてくれた。

私は紅茶、娘はコーヒーを頼む。

テーブルには果物が盛ってあり、飲み物は牛乳とかジュースの類いが置いてある。サラダも幾種類かガラスのボールに入って並んでいる。あとは卵料理、肉など品数も豊富だ。パンも食パンを焼くこともできるし、ロールパン、クロワッサンなど自由に選べる。私は焼きたての食パンに、運ばれてきた紅茶（これは、ダージリンらしい）を飲む。三日目にして初めて、ロンドンで人間らしい食事をした。

紅茶もパンもサラダもおいしかった。

「人がやって来ないうちに部屋へ引きあげよう」と、娘にせかされて席を立った。

グローブ座へ行くまでは、充分時間がある。

九時過ぎに出て、グローブ座の売店でお土産物を探したり、少し早めの昼食としてグローブ座の横にあるスワン（バー&レストラン）で、アフターヌーン・ティを楽しんだりする予定だ。

昨日、この部屋に帰ってきた時、綺麗に片づいていたのに感謝したが、チップは枕元にそのままだった。

「昨夜は、チップを取っていなかったけど、今日はどうかな。やっぱり置いておいたほうが、いいかしら？」と娘が言うので、「置いておいたほうがいいよ」と私も同意した。五連泊もするので、気持ちよくこの部屋を使わせてもらうお礼だ。

今日は、テムズ川の東南にあるシェイクスピア・グローブ座へ行く。チケットは、前もって娘が取ってくれている。

ホテルからは遠いので、タクシーで行くことにした。

タクシーは例のブラックキャブだ。

タクシーから連絡が入る。

「あと、五分でホテルの前に着く」そして次、「あと、一分でホテルの前に着きます」と、えらく便利で、親切なことだ。

タクシーは連絡どおりきっちりやって来た。

テムズ川の東南にあるグローブ座まで街中を通って、やがて到着。

上演時間まで時間があるので、グローブ座の横にあるスワンで昼食がわりに、アフタヌーン・ティをする。

スワンの横に流れるテムズ川が、二階の窓から眺められる。

席は客でほぼいっぱいだ。

お客は、着飾った人も見受けられるが、町着といった程度の人が多い。ウエートレスも庶民的なのでくつろげる。

コーヒーや紅茶だけ注文している客もいて、意外とフランクな感じの、いわば喫茶店である。私と娘は、三段に積み上げられたパンやケーキをちょっと緊張しながら、下の段からいただく。一番下はサンドイッチ、二段目はスコーン、一番上がケーキというのが定番だ。それに紅茶がついてくる。サンドイッチを食べ終え、スコーンにとりかかる時くらいから緊張が解けてきた。

テムズ川沿いの景色を見たり、船の上り下りを眺めるゆとりが出てきた。

今回の旅の第一の目的は、バラ園を見物すること、次がシェイクスピアゆかりの地やオフィーリアの絵などを見ることである。

私がシェイクスピアに触れたのは、小学四年生の時だった。小学校の学芸会で最上級生の六年生の人達が演じる「リア王」が最初だった。その作者がシェイクスピアだとは、その時の私は知らなかった。もしも、作者についても解説があったとしても記憶してはいないだろう。

リア王は、口の上手な姉達にだまされて、末娘を城から追い出してしまう。ところが姉達はリア王の権力と財産が目当て。孝行な心など全く持っていなかった。そして、ついに父親であるリア王が年老いて弱ると城から追い出してしまう。年老いて弱ったリア王は末娘に助けられるという筋書で有名な悲劇である。

私は、上級生の演じるリア王を哀れみ、口先だけの非情な姉達を憎んだ。

私は、お父さん、お母さんが年をとって弱ったら、大切にしようと心に誓った。

それは、昭和二十六年のことである。戦後まもなくの物の不自由な時代であった。今にして思えば、先生方は、よくぞ小学生に「リア王」を演じさせ、全校児童に見せて下さったものだと感謝する。今もボロをまとって、姉娘達の城を訪ねてまわるリア王の姿がはっきりとまぶたに焼きついている。

戦後の復興期、学校教育も新しい時代を迎え、先生方の意気込みもすごかったのだろう。

六年生は、小学校の最上級生だ。自信を持って役に取り組み熱演したのだ。

「ベニスの商人」は、たぶん、中学生の時、市の公会堂で、これも上級生が演じたのを見たと思う。ユダヤ人の商人を悪者にした作品で、今にして思えば、単純に、あの裁判に喝采を送ることはできないのだが……。

これらの作者が英国の劇作家で有名なシェイクスピアであることを知ったのは、後のことだった。高校の英語の先生はシェイクスピアの研究をしておられて、後に高等専門学校の教授として栄転された。学者肌の先生に栄転という言葉はふさわしくないかもしれないが。物静かであられたが、博識であられたので高校生達も一目置いていた。

なかなかユーモラスな一面もおありだったので、けっこう人気もあった。“To be or not to be”は、ハムレットの有名なセリフであるが、この訳文が、「生きるべきか、死すべきか」となるまでは難解で、以前は「あります、ありません」と訳されていたこともあったと説明して下さった。最近の訳で「生か死か」となっているのを読んだ。幾度かの変遷があったのだろう。英語といえども、シェイクスピアは古典なので、まだまだ研究しなければなりませんとおっしゃったのを思いだした。

そんな先生と生徒達の授業中の一幕。

先生「シェイクスピアは悲劇ばかりが有名ではありません。『真夏の夜の夢』というのは、とても楽しい作品です」

生徒Ａ「先生、それは怪談ですか」

先生「いいえ、そうではなくて、イギリスの夏というのは、日本と異なって涼しく、過ごしやすいのです」

さすが先生、物知りと、感心したが、生徒Bが、

「先生、イギリスに行かれたことがおありなんですか」

とにやにやしながら尋ねた。

先生「行ったことはありませんが、イギリスは緯度が高く夏は涼しく、メキシコ暖流が流れているので冬もそれほど寒くはないのです。それくらいは常識です。知っておいて下さい」とこれまた少しも騒がず反撃。

一対一のひきわけ？　いや、先生の勝ち！

先生、私は今、グローブ座の隣に来ています。あのシェイクスピアが劇作家として、俳優として活躍したグローブ座です。

あの日から今日まで、六十余年の歳月が流れた。

グローブ座に隣接した土産物売り場に入った。人がぎっしり。これから、劇を観に行く人達だろう。コロナを心配していた娘も、すっかりコロナを忘れたように、きょろきょろと物色中だ。私は、グローブ座を象《かたど》ったマグネットを数個買った。学生時代の友人でシェイクスピアのファンがいるのでプレゼントしたい。

開演の時間が迫ってきた。

グローブ座の扉が開いた。案内係に導かれて、他の人達と共に観客席に進む。

グローブ座の中は、全体が円形になっており、天井の中心部がない。青空が見えている。通路の左右が段になっており、その段ごとに席が設けられている。天井の中心部を見上げるように立見席がある。

すべて木造である。階段の手すりも椅子も。立見席は当然お安いのだが、せっかく、はるばる来たのだから通路側の下から二番目をとった。席は五人がけだ。座るためには、三人の方の前を通らねばならない。

「ソーリー」と言うと、快く立ち上がって通してくれた。

座ってみると、思ったとおり木の長椅子は座り心地が悪い。それと同時に、ああ、これが伝統あるグローブ座かと感無量だ。

元のグローブ座は四百年ほど前に建てられ、百年ほど前に、元あった場所に再建されていて、昔の面影をしのぶことができるようになっている。

「ここで、三時間、劇を観るの？」

「まあ、そういうことになるね」

「英語もわからないのに、それだけの時間、耐えられるかなあ。お母さんが切望しているからチケット取ってあげたけど……」

「まあ、そう言いなさんな。ほら、上を見てみ、青空が見えるやないの」

「そのうち、雨が降ってきたら、どうなるの」

「でも、私達の席は、まだ天井がついているから、このあたりまでは濡れないでしょ」

二人がぶつぶつ言っていると、幕が開いた。円形の劇場の三分の一くらいが舞台になっていて、その上の部分も舞台として使われているようだ。その右手がオーケストラボックスだ。妖精らしい人が跳びはねながら舞台へ躍り出てきた。拍手喝采。有名な女優さんらしい。

残念ながら、状況がつかめない。

かの立派な英語の先生に比して、なんと情けない生徒であることか。不肖の弟子だ。

授業中、先生のお話は、熱心に聞いたが、それは、いわゆる余談というやつで、本分のリーダーとかグラマーは、予習も復習もしなかった。その報いが今の英語力である。

それは、今となっては、致し方がないが、「真夏の夜の夢」とは、私は何かと因縁がある。

一回目が高校の英語の授業中。

二回目は中学校の教師となって、三年生の担任となった時だ。まだ、その頃、私の勤めていた学校では、三年生が文化発表会で演劇をすることになっていた。生徒達が選んだのが

「真夏の夜の夢」だった。少々因縁話のようになるが、私は生徒達に「真夏の夜の夢」の話をしたことは全くなかった。まして一言も勧めるような話はしていなかった。

生徒達は、それぞれに合った役をふり当て、熱演し、楽しい劇になった。

以後、転勤していった先々の中学校で文化発表会はコーラスが中心になり、劇をとりあげることはなくなっていた。

三度目はつい最近、と言ってもコロナ禍が始まる前のことである。兵庫県民文化センターで佐渡裕さんの指導のもと、「真夏の夜の夢」が上演されることになり、会員である私は、喜び、チケットを手に入れた。音楽もすばらしかったが、残念ながら、劇場が大きすぎて、人物の表情がよくわからなかった。私の目のせいでもあるのだが……。

四回目、今、目前で、グローブ座でイギリスの人達と共に「真夏の夜の夢」を観ている。前の席は、かなりのお年の男性だ。他のお客と同じように楽し気に笑っている。斜め前方の男性などは、大声で爆笑し続ける。うらやましい。残念だ。延々三時間が終わろうとしていた。その頃になると舞台上は一段とにぎやかになり、客席も拍手喝采。まるで大阪の吉本新喜劇状態になった。よくはわからないがハッピーエンドだ。私も娘も拍手を送り、一緒に手拍子を打った。

ああ、これを見たらシェイクスピアは嘆くであろうなあ。残念、無念の八十二歳のお婆さんであった。「若いうちに英語くらい話して、聞いて理解しあえるようにしておきなさい」と、先生らしい教訓をたれる気はないのだが。

強がりを言わせてもらうと、この三時間の間、空を飛ぶ飛行機の音が開いた天井から聞こえてきたり、その天井から見える空が急にくもって、雨がぱらぱらと落ちてきたり（幸い私達の席の上には屋根があったので濡れることはなかったが）、木の堅い椅子に座って、座布団が欲しいなあなどと愚痴ったりしながら、うむ、これがグローブ座かと感じ入り、会場の人々と一つになって手拍子を打ったのは、何物にも代えることができない体験だ。

ま、よかった、よかった。

天国の先生、見て下さってますか？

人類の遺産「ロゼッタストーン」（大英博物館へ）

グローブ座から大英博物館へ行くには、テムズ川を渡って北へ向かわなければならない。

タクシーで行っても大したお金にはならないだろう。

通りへ出て、タクシーをひろい、大英博物館へ向かう。

大英博物館の正面入り口は、ギリシャ建築風の堂々たる構えだ。石段を上がって入館口へ。

やっぱりたくさんの人が列を作って、入館を待っていた。

「えらい人やねえ」

「本当。お母さん、足は大丈夫？」

「うん、じっとしている分には、痛まないから大丈夫」

と二人で話していると、博物館の管理人らしき人が近づいてきて、「どうぞ、こちらへ」

と案内してくれた。

ついていくと、並んでいる人々の横の柵を開けてくれた。

なんとまあ、行き届いた心づかいだ。杖をついている障害者の私を気づかって、先に案内してくれたのだ。

「ありがとうございます」と丁寧に頭を下げて、通してもらった。

「イギリスは、やっぱり違うなあ」と感謝した。博物館は、王室の所有で、入館料は無料になっている。

「有難いわねえ。英王室もなかなか太っ腹だわ」

障害者のために、あらかじめ用意されている入場口だったとしても、管理人さんの態度がとても感じがよいのだ。上から目線で「先に入れてやる」といった横柄な態度ではない。ごく当然のように案内してくれた。これぞイギリスの紳士といったところだ。

文化が進んでいるというのは、こういうところに現れるのだろう。

中へ入ってみると、やはり人が多い。

「お母さん、ギリシャもエジプトも行ったから、ミイラも、ラムセス二世もよく見たし、さっさと見学して早く切り上げよう」

「うん、そうするか」

娘は、混雑の中でのコロナ感染を恐れているのだ。ここでもマスクをしているのは、我々だけだ。こんな混雑の中でも、妹に頼まれたアヒルのおもちゃを買わねばと、これもまた混雑している売店に入っていった。例の「お母さん、ここから動いてはだめよ」という言葉を残して。

待つことしばし。何を買っているのか、アヒルくらいで、そんなに時間がかかるものかと、待つのに飽きてきた。

ここは、売店の近くだし、少しくらい動いてもよかろう。彼女は一体どんな物を買おうとしているのか、中へ入って見たくなってきた。どうせ大英博物館のマークがついていれば、何でもいいのだろう。どこにでもあるような物に決まっている。

レジに並んでいる娘を見つけた。娘もこちらに気づいて、「シッ、シッ」と出ていくようにという身ぶりをした。人混みを嫌って、私を近づけないように気づかっているのはわかるが、お母様に向かって「シッ、シッ」はないだろうとむくれながら売店を出た。

「入ってきたらだめじゃないの。人が多いのに」と怒っている。何を言われようと平気だ。

「それで、あんた何を買ってきたの」

「みっちゃん（妹）のお土産。アヒルのおもちゃ」

「何、それ？」

先ほども聞いたが合点できぬ。

「頼まれていたの。お風呂に浮かべるらしい」

「何それ？　みっちゃんが？　中学生の息子がいるおばさんが、アヒルのおもちゃってか？」

「だって、大英博物館にしかないから是非にと言って頼まれたんだもん。私だって似合わんおもちゃのお土産だって思ってるわよ。でも欲しいって言うから」

「へぇー。あんたも妹には甘いんだ」

と笑った。孫、すなわち娘の甥の分も含めて、十個買ったというからあきれた。

館内を少し歩いてどんな物が置いてあるかわかった（と言えるか、どうか）。何しろ広大なのだから。

ロゼッタストーンだけは見ておこうと、探した。人だかりの特に多い場所に、かの石版はあった。世界中の関心が集まった遺物だから、それは当然だろう。しばらく待つと、前にいた人が一人退き、二人退き、私達が一番前に出ることができた。

石版に文字が書いてあるのがわかる。なんの変哲もない石だが、磨かれた平面に字が書いてある。一見したところ重要な物とは思われない。けれどこれがエジプト文字、ヒエログリフ解読の手がかりになったのだと思えば、貴重な人類の遺産だ。

ナポレオン軍が発見したんだったっけ。偉大な業績だと言える。

この石もエジプトから持ってこられたと思うと、エジプトの人々は、どう思うのだろう。そう思えば、この博物館全部がそういう物で成り立っているのではないか、と考えてしまう。英王室が無料でこの博物館を開放しているのも、「これは、世界の遺産であり、その遺産を大切に保護しているのであって、決して英国が私している物ではありません」と釈明しているのかもしれないと考えた。

博物館を出てホテルへ帰る前に、M&Sでお土産物の紅茶やコーヒーを買った。薫さんから頼まれていたトートバッグも買わねばならない。以前薫さんがイギリスに来た時に買ったM&Sのトートバッグが使い勝手が良かったのだそうだ。色もあせてきたし、買い替えの時が来たので、私がイギリスへ行くのなら買ってきて欲しいというわけだ。レジの横にぶら下がっていた安い物だと言う。

レジの横には見つからなかったので、一階を探してみたが、M&Sのロゴの入ったトートバッグは見つからなかった。意を決してやっと、つたない英語でレジの女性に尋ねたら、「以前は置いていたが、今は、ない」と言うのでしかたがない。娘が、「明日、ウェイトローズで探そう」と言ってくれた。

夕食のサンドイッチを買って、タピオカの店に寄り二人分のタピオカを買って、ホテルに帰った。

部屋は、昨日と同様、綺麗に掃除され、洗面所の必需品も補充されていた。

「チップ、取ってくれているよ。人によって違うのかなあ。でも、取ってくれてよかった」

「そうねえ、でも朝、出かける時も掃除の人達は見かけなかったね。不思議ね」

娘が、「私は今からバンクシーの絵を見つけに行ってくるけど、お母さん、お腹がすいたら先に食べといて」と言って出ていった。「お母さん、まず、今すぐお風呂に入っておいたほうがいいよ。今日は、人混みの中へ何度も入ったから、コロナ菌がうじゃうじゃ付いているわよ。お風呂から出たら食事してよ」と言い残して。

私は、疲れているし、バンクシーがどれほどのものかも知らないので、この時間から外に出る気はしない。もう七時をまわっている。家では夕食の時間だが、ここロンドンの七時は、まだ明るい。

バンクシーの絵のある所は、スマホで調べてわかっているのだそうだ。便利なものができたものだ。それを若い人達は自由に使いこなしている。私も時代遅れにはなりたくないが、目が悪くなってきたのでスマホの文字も見えづらい時がある。未だにこんな文章も原稿用紙に手書きだ。先日、文房具店に行ったら、原稿用紙は売っていないと言うので驚いた。というより愕然とした。

まずは入浴して、頭も洗おう。夕食は娘が帰ってきてからだ。

九時前に娘が浮き浮きした様子で帰ってきた。

「バンクシーとやらの絵、よかった？」

「そらまあ、一億円の絵だもの。よかったわ」

「それで一体、何が描いてあるの?」

「ネズミ」

「何ですって。漫画みたいなネズミかいな」

「何を言ってるの。普通のネズミ」

「ドブネズミか?」

「まあ、そんなところ」

「それは、どこに描いてあるの?」

「家の壁。普通の壁に描いてあったけど、すごく上手だった。あれは、一億円の値打ちがある。そんな絵を普通の通りの家の壁に描くところが、バンクシーのすばらしいところなんだよね」

「ああ、そうかいな。えらい力を入れて語ってくれても私にはわからないわ。普通の家の壁? ネズミ? 全然ピンと来ないわ。

それより、あんた、博物館で買ったアヒルのおもちゃって、どうなの。見せてちょうだい」

「まあ、汚いから、お風呂に入ってくる」

と言って浴室へ行ってしまった。

彼女がお風呂から出てきて、二人で遅い夕食を摂った。

やっと、アヒルのおもちゃを出してきて机の上に広げて見せてくれた。

エジプトの王様の頭をした唇の厚いアヒルで、水に浮くおもちゃ。次に出てきたのが、シャーロック・ホームズのアヒルとワトソン先生。それにバッキンガム宮殿の衛兵さん。

「こんなもの十個も買ってどうするの」

「みっちゃんに頼まれているから、他にも欲しい人がいるはずよ」

「そんなものお風呂に浮かべる大人がいるかなあ」と、あきれた。「私ならいらないけど」

「何も、お母さんにあげると言ってないからいいの」……とこんな風で、シェイクスピア・グローブ座と大英博物館見学の一日は終わった。

名画「オフィーリア」に感動！（六月二日　テート・ブリテンへ）

六時だ。さっさと身仕度を整えてレストランへ行こう。今日は血色の悪い顔を明るく見せるために、口紅だけは塗っておこう。

案内係の人に「グッドモーニング」と挨拶をすると、今朝は愛想よくほほえんで挨拶を返してくれた。

席が決まったので、さっそく並んでいる果物やパン類を大皿にいっぱいのせて、着席。待っていたようにウエーターさんがやって来て「紅茶か、コーヒーか」と尋ねてくれる。いつものように、私は紅茶、娘はコーヒーを頼む。近ごろでは、イギリスのコーヒーは味が良くなって、紅茶と同じくらい人気があるそうだ。コーヒーを飲んでいる娘に「どう？」と聞くと「まあまあかな」と言った。私はなぜか、コーヒーを飲むと胃が痛くなるので、紅茶ばかりだ。イギリスの紅茶というだけで、なんとなく上等でおいしい気がする。

食事が終わりかけた頃、二人のお客が入ってきたので、部屋へ引きあげた。

今日は、テート・ブリテンへハムレットの恋人〝オフィーリア〟の絵を見にいく。ロンドンへ来た目的の一つが、この絵を見ることだったのでとても楽しみだ。

「イギリスなんか行儀作法がうるさくて、差別されそうだから行く気がしないなあ」と言っていた娘であるが、絵の好きな娘に「〝オフィーリア〟の絵が見られるよ」と言うと、「ええっ、それは、いいね」と食いついてきた。私も美術の本などで見るこの絵を見ることができたらと楽しみにしていた。

お土産も、この絵葉書やマグネットにすれば、友達も喜ぶのではないか。

早めの食事のおかげで、食後はゆっくりくつろげる。テート・ブリテンには、十時ごろ着けばいいだろう。

娘がスマホでタクシーを呼ぶと、「あと五分くらいでホテルの裏の駐車場へ着きます」とドライバーさんが言ったという。ほぼ、そのとおりにタクシーはやって来た。とても便利だ。

テート・ブリテンは、ホテルから南へ街を抜けて行く。テムズ川が北上する位置にあった。大きな建造物だ。

中に入っていったが、人気《ひとけ》のない館内は、しーんと静まり返っている。児童向きの図書が並んでいる部屋ばかりで、画廊といった部屋は一階には見当たらなかった。

上の階へ行ったが、画廊らしき場所はなかった。これは、ひょっとして、まちがった所へ来てしまったか。

館内の案内図を見つけて、やっと絵画が展示してある場所がわかった。だが、なかなか〝オフィーリア〟の絵は見つからない。中年の少々厳めしい男性に、「オフィーリアの絵は、ありますか」と恐る恐る尋ねた。意外にもにっこり笑って、「こちらへどうぞ」と自ら先に立って絵のある場所まで連れていってくれた。ああ、よかった。場所をまちがえたかと思った。ここにまちがいはなかった。他に誰もいない展示室で娘と二人、オフィーリアの絵の前に立った時は、ほっとした。その絵は、今まで写真で見たオフィーリアの絵と同じであった。ついつい見入ってしまい、声を失った。

ああ、なんと美しい。

澄んだ水に漬かっているオフィーリアの美しいこと。音のない世界で光を受けて煌めく水と青い衣装。なんと、見事な青色であることか。目を閉じてもまぶたに残っているような澄みきった青。その青がオフィーリアのバラ色の肌と顔を引き立てて見事だ。この絵の画家は、ハムレットに純愛を捧げたオフィーリアをこの上なく愛しみ、この絵を描いたのにちがいない。それにしてもよくぞこれまでの絵が描けたものだと感動して、しばらく言葉が出なかった。娘も私と同じ思いだったとみえて、黙って、一言も発しなかった。

どのくらい二人とも、じっとしてたたずんでいただろう。

「綺麗《きれい》ねえ」

「ほんとう。綺麗、来てよかった」

「うん、来てよかった」

この部屋を出た所に売店を見つけた。しかし、オフィーリアの絵葉書もマグネットもなかった。売店の女性にも、先ほど案内してくれた男性に尋ねても「それはない」という返事だった。残念ではあるが、あの絵に会えたことで充分だ。なまじあるよりないほうが心に刻まれたオフィーリアが色あせることがなくていいのかもしれない。

煌めく光の中で冷たい水に浸されて時を止めているオフィーリアを心の中にしまっておこうと思いつつ、テート・ブリテンを後にした。

テート・ブリテンと大路にはさまれて流れるテムズ川を見ていると、「ゆく川の流れは絶えずして、しかももとの水にあらず、よどみに浮かぶうたかたは、かつ消え、かつ結びて」

という鴨長明《かものちょうめい》の言葉が浮かんできた。黄色く濁った水は、上流から下流へ多様な物を運んできた。人も物も、人の思いも。

バッキンガム宮殿へ（広場でランチをしていると……）

待っていたタクシーがやって来た。

今は十一時三十分を過ぎたところだ。

衛兵の交代式は、十一時に始まっているから、もう終わっているかもしれない。

交代式を見るのを中心に考えていたわけではないが、交代式の終わりなりとも見たい。

バッキンガム宮殿の近くでタクシーを降りて、あわただしく宮殿前へ急ぐ。

あっ、パレードの音楽が聞こえてきた。あせる気持ちはあるが、何しろ杖をついている身だ。走るわけにはいかない。やっとのことで宮殿の前の左側の柵までたどり着いた。

音楽隊がラッパとドラムでにぎにぎしく演奏しながら兵舎へ向かって帰っていく。やっとのことでパレードの尻尾を見ることができた。

殿《しんがり》は馬上豊かな堂々とした兵士が務める。

まあ、パレードの尻尾だけでも見ることができてよかった。

目の前の柵の中で、二人の衛兵が後片付けのようなことをしている。手を伸ばせば、黒い帽子に触ることができそうだ。まっ黒な大きな帽子は熊の毛皮でできているということだ。陳腐な表現ではあるが、赤の制服を着た衛兵さんは、絵葉書や本の挿し絵からそのまま抜け出てきたようだ。

いやあ、いいなあ。バッキンガム宮殿にあの衛兵さんは、よく似合う。

「衛兵の交代って、見たい？」

「いや、それほどでも。見る機会があれば、見てもいいってところ」

と二人ともあまり関心がなかったけれど、実際、この場所に来て、あのラッパと太鼓の音を聞いたら胸が高鳴り、惜しいことをした、もう一足早く来れば全部見ることができたのにと残念だ。それにしても、バッキンガム宮殿というのは壮大だ。うーむ、この中に女王陛下は暮らしておられたのかと感慨無量である。二〇二二年の九月に亡くなられたのだから、もう一年早く来ることができたらと悔やんだ。

それにしてもコロナというのは、あらゆるところに災難をもたらしたものだ。

バッキンガム宮殿の前の人だかりは、少しずつ減り始めた。その中でマスクをしているのは私と娘だけだったが、ここでも誰も気に留める風はなかった。

五月六日、約一ヶ月前、チャールズ国王の戴冠式があり、我家のテレビで大主教に祝福される様子を見た。儀式があった後などに陛下や王族の方々が立たれるバルコニーは、テレビで見ると近くに見えるが、こうして見ると広大な宮殿と門まではかなりの距離がある。バルコニーに立たれるのを実際に見る機会などないが、テレビというものは便利なものだ。王族と遠くの国の一般市民の間までも縮めてくれるかのようだ。

我国の皇居前にはお堀があったり、広場には松の木が植えられていて近づきがたい印象があるが、バッキンガム宮殿の門の前は広場になっていて広場の芝生に座っている人もいるし、出店もあってホットドッグを売っていたりする。ちょうどお昼時なので、このお店はなかなかの繁盛ぶりだ。

「お母さん、人が多くて押されて転ぶと大変だから、私が買ってくる。ホットドッグでいいでしょ」

「おまかせ。よろしく」と人垣から離れた。

意外と早く、焼きたてのホットドッグを紙の袋に入れて、二つ買ってきてくれた。

「さて、どこに座るかなあ」と、ホットドッグの紙袋を抱えて広場を歩く。

〝厩舎〟と書かれた小屋があって、馬糞の臭いがしてくる。パレードに出ていた馬などの寝所なのだろうか。さすがに、この近辺はだめだろう。ここを行き過ぎると広い芝生の植えられた所に出た。布張りの折りたたみ椅子ガーデンチェアが、十数脚置いてあった。椅子に座っている人もいたが、空いている椅子も何脚かあった。

「これは、誰が座ってもいいのかなあ」

「お金がいるんじゃないの」と私。

「じゃあ、払えばいいわ、大したお金ではないでしょ。芝生の上も、あまり綺麗でもなさそうだし、空いている椅子も多い」

と娘が言うので、この椅子を借りて？　座って食べることにした。

水筒のお茶（ホテルから持ってきた）を紙コップに入れてくれる。バッグからエタノールの消毒液を出してきた。

「お母さん、手を出して」と言う。いつもこの調子だから、両手を差し出す。

シュッ、シュッとエタノールを吹きかけられて、親指も人差し指もこすり合わせる。

六月の初めのロンドンは、こんなに気持ちがいいのかと思うほどだ。風もさわやかで、日差しもちょうどいい。それに、ホットドッグが思いのほかおいしい。気分は上々。

「うむ、何が起こった？」

隣の椅子に座っていた婦人と、厳めしい顔つきの男性がどなり合いを始めた。

何？　何？

まるで大きな船の甲板にカラフルなガーデンチェアを並べたよう。この芝生全体が船で、大海原に浮かんでいるようだ。目の端にバッキンガム宮殿をとらえる。ぜいたくなセッティングだ。

その風景の中で突然起こったどなり声。

婦人のほうが声が大きい。ガーデンチェアを二、三脚抱えた中年男性は、たじたじだ。だが必死になって応戦している。

「くーちゃん、お隣さん、何言ってるの？」

「よくわからないけど、おじさんが、おばさんに席料を三ポンド払えと言ってるみたい」

「うん、うん、そうみたいねえ」

それで、おばさんが“But!”と反論。「ここは、お金を取る所ではないでしょ」と反撃しているらしい。

「おじさんは、『椅子に座ったんだから、その席料を払え』と言っている」

「ええっ！　そんなら私達も払わないといけないじゃないの」

どなり合いはしばらく続き、ついにおばさんが立ち上がった。

「こんな椅子に座ってられるか。勝手にこんな所で商売して！……」とかなんとか言ったかどうか、よくはわからないが、おばさんは立ち去り、おじさんは何かぶつぶつ言いながら椅子をたたみ始めた。

「お母さん、私達もお金、取られんうちに逃げよう！」

「逃げようって。なんも悪いことしてないし、置いてあるガーデンチェアに座っただけやん」

そもそも英王室がそんな姑息な商売をしないだろう。あのおじさんが勝手にあやしい商売をして、外国人や地方の人からお金を取っているのではないかと、都合のよい結論に至った。そして、我々はお金を払わずガーデンチェアで気持ちのよい一刻を過ごした。

後日判明したのは、公的なサービスであるが、お金は取るらしいということだった。

知らぬこととは言え、申し訳ありませんでした。ごめんなさい。日本に帰ってきてからわかったもので。

ユニオン・ジャックと物乞い（リバティへ）

バッキンガム宮殿は内部も見学できるらしいが、外観から想像するだけにして、街の中にある百貨店を見にいく。

薫さんおすすめのリバティへ。

道がよくわからないので、ブラックキャブを見つけて乗った。ドライバーさんは、「今日は道が混んでいるので道順を変えるがよろしいか」と聞いてくれる。ＯＫだ。何しろ、不案内だし、ブラックキャブなので大丈夫だろう。車は繁華街に入っていく。

おっ！　見上げれば、アーケードに沿ってイギリスの国旗、ユニオン・ジャックがずっと向こう、アーケードが尽きる所まで誇らし気に吊るしてある。こうして見ると、この旗のデザインも色も、ブティックが立ち並ぶこの通りになんと似つかわしいことか。翻って、日章旗だったらどうだろう。

我国の旗は、白地に赤の丸だ。江戸時代から幕府の船の標識とされていたそうだが、どう見ても、おシャレなデザインとは言いがたい。

このブティック街のアーケードに吊るすのは、むずかしいのではないか。

そう言えば、大英博物館のお土産のアヒル、その両端にもこのユニオン・ジャックの図柄がプリントされていた。日本でお土産品に日章旗が描かれているのを見たことがない。第二次世界大戦で大敗した時、日章旗を掲げて戦った傷跡のせいなのだろうか。

タクシーが角を曲がり次の通りに入った。

その通りにもユニオン・ジャックが誇らし気に上から私を見下ろしていた。昭和十六年生まれの私は、なんとなく切ない思いに沈んだ。

「このあたりで、いいですか？」と、ドライバーさんが聞いてくれ、娘が「いいでしょう」と言ってスマホをチェックしてもらうと、「サンキュー」と言って車を発車させて去っていった。このスマホには、当然チップも込めた料金が表示されているのだ。

「ああ、よかった。ここは、デヴィッド・ボウイが撮影に使った所よ。有名な所なの。いい場所に着けた」と喜んでいる。

ここ、と言っても通りに囲まれたビルの並んだ見通しの悪い面白みのない所だ。

「お母さん、あのお店の前で写真、撮ろう！」

「なんでこんな所で？　しけた場所やないの」

「いいから、いいから。はい！　こっち向いて」しかたなしに、前のスマホを見る。

「じゃあ、私も撮って」と、はしゃいでいる。

いろいろのポーズをとって、やっと「ＯＫ」が出た。

「なんだか、ここって暗い感じ、お店も閉まっているし」

「夜になったら人が集まってくるの。あの角っこを見て。そうそう、あの屋台」

中国だか日本だか韓国だか国籍不明の屋台がぽつんと一台、みすぼらしく置いてある。提灯がぐるっと屋台を囲むように吊るしてあるところを見ると、日本的であるとも言える。料理された食品の絵や写真は、中華か韓国料理かと思える。

「夜になったらこの広場に椅子を並べて、みんなで楽しく食べたり飲んだりするのでしょうよ」と娘が想像をめぐらせて言う。

「ふーん、そうなの」

「お母さん、ちょっと待っていて。リバティに行くのは、あの筋を出た所を行くのだと思うけど。ちょっと見てくるから。動いて勝手にどこかへ行ったらだめよ」とご丁寧に念を押しておいて、路地のような所へ入っていった。いつものように幼稚園児のようだ。

私は娘の後ろ姿を見ながら少し不安になった。不安な気持ちでこの狭い広場に立っていると、急にビルの横から出てきた女性に声をかけられた。娘が去っていくのを見計らっていたかのような現れ方だった。

頭にスカーフを巻いて、上下おそろいの小花を散らした服を着ている。これは、アラブ系の人だと思った。彼女は、思いがけず、私に話しかけてきた。よくはわからないが。「私は、今、お腹に赤ちゃんがいます。働けないのでお金がありません。困っているのでお金を下さい」と言っているらしい。そして、しきりにお腹のあたりをさすっている。

この女性は、決してお金持ちとは思えないが、さりとて貧しそうにも見えない。街中にいる普通の女性だ。私は困った。お腹に子供がいては働きにくいだろう。私は少しのお金ならあげたいが、現金を持っていないのだ。だからどうしようもない。困り果てて、そのまま、「I have no money」と言ったが、なおも、「お金を下さい」と言い続けるので、バッグを開けるふりをして、こちらも「I have no money」と繰り返した。すると、女性は驚いたことに「コインがないなら、携帯で払ってくれてもよい」と言って携帯を出してきた。

ええ？　何だって？　携帯まで用意しているとは。どういうことだ。ロンドンでは、こういうお金のあげ方をするのだろうかと思ったが、そんなはずはないと思い返した。そのとたん、腹が立ってきた。日本人のお婆さんをバカにしてるのか！

「ないものは、ない！　あっちへ行け！」と声を荒らげた。

女性は、ちょっと驚いた風でくるりと背を向けて「ソーリー、ソーリー」と言って去っていった。私は拍子抜けした。あれほど厚かましく、食い下がっていたくせに「ソーリー、ソーリー」って何だ。

物乞いにソーリーって言われたことはない。お腹のあたりをさかんにさわっていたけれど本当にお腹に子供がいるのなら気の毒だが、スマホで決済っておかしいでしょ。と、解せぬ気持ちでいると娘が戻ってきた。

「どうしたの？」

カクカクシカジカ……。

「そんなに気の毒がることはないよ。物乞いが、そもそも携帯電話を持っているだけで、変でしょ。お腹の赤ちゃん？　それも風船でもふくらませて入れてるかもしれないし」ときっぱりしている。

ロンドンに来てまで物乞いにお金をせびられるとは、この世の中、なかなか油断がならない。

やはり、この路地を出ると大通りで、その先がリバティだった。「さあ行こう」と気を引き立てるように言ってくれる。

リバティ百貨店は、雑誌に紹介されているようにチューダー様式というので、古めかしくもあるがなんだか懐かしいたたずまいだった。

百貨店の入り口には、一対の獅子が置いてあった。

ドアを開けて入るといきなり紳士服売り場で、背広を着た（スーツと言いなさいと娘には注意されている）紳士がお出迎え。なんだか気恥ずかしい。日本のデパートなら、たいていが化粧品売り場とかアクセサリー売り場で、綺麗な女性がにこやかに挨拶してくれるはずだ。娘と二人、ちょっと会釈して、その場を離れた。

薫さんから聞いていたとおり、布地がたくさん置いてあった。その模様も多種多様で、お裁縫の好きな人なら大喜びしそうだ。

薫さんはお裁縫が上手だから、こんな綺麗な布を見ると、きっと胸が躍るんだろう。

古色蒼然たるエレベーターは、ガチャガチャと音をたてながら各階止まりで上っていく。

四階で降りて、トイレへ行った。

いやあ、待てよ。古めかしくて使い勝手の悪いトイレなんだろうなあ。ここに入るのはやめにしようかと迷ったが、次の機会がいつくるか心配なので、用を足しておこうと意を決して入った。ここは百貨店なので、トイレ番の人はいない。お金を払わなくてよいし、待つ人もいないのが幸いだ。入ってみると、意外に現代風の普通のトイレである。

どの階にも、プリント柄の端切れや洋服地があった。この端切れで作ったポプリを入れた小さな巾着をお土産物として売っているらしいが、見つけることができなかった。

猫に小判の言葉のとおり、私も娘もお裁縫は全くできないので「綺麗だなあ。ワンピースなんか作ったらいいだろうね」などと他人事のように言いながら、何も買わずに出てきた。

地下鉄駅にホームズが！（再びベーカー街へ）

ポンド・ストリートで地下鉄に乗る。今は、午後二時半を過ぎたところだ。ここからベーカー街は近い。

「ここから、ベーカー街へ地下鉄で行くと、地下鉄のホームで面白いものが見られるのよ」

「それって、何なの？」

「ベーカー街に着いてからのお楽しみ」

待つほどもなく電車がホームに入ってきた。

電車自体は、何の変哲もない。

平日の昼下がりということもあってか、電車はすいていた。

乗ったかと思ったらすぐ降りるという近さ。電車はホームに入った。娘にうながされて、下車する。降りる人もまばらで、電車は間もなく発車した。

「お母さん、電車の向こうの壁をよく見ていて」

壁がどうかした？

電車が出ていくのを見ていると、電車の最後尾にタイルの絵が現れた。それは、タイルを壁一面に貼り付けた絵の一部だ。そのタイルには、一枚ずつシャーロック・ホームズの絵が描かれていた。電車が前進するにつれて、その全体像が少しずつ現れてくる仕掛けになっているのだ。一枚ずつのタイルの絵は、ホームズの大きな壁画になっていることがわかった。電車はゆっくりと出ていき、壁には、あのいつものホームズのパイプをくわえた横顔が描かれていた。一体何枚のタイルが使われているのだろう。白黒の陰影のつけ方は、どう考えたのだろう。驚きつつ見入ってしまった。

ああ、この驚き。英国人の洒落っ気を見た思いがした。

シャーロキアンを自認する友人、峰さんに見せてあげたい。

地下鉄駅にホームズが！（再びベーカー街へ）

こんな風に、ベーカー街のこのホームでしか見ることのできない、このホームに入る電車に乗ってきて、ここで降りた人だけにしか味わえない驚きを味わわせてやろうとして作られたこのタイルでできたホームズの顔。

「見ましたか」とホームズが笑ったような気がした。呆然としてたたずむ私の横で、「得たりおう」とばかり娘が笑っている。

あっ！　と急に子供の頃のことを思いだした。小さな町の駅前通りの四つ角で、紙芝居を見ていた時のことを。テレビのない時代だった。

私は昭和十六年、戦争の始まった年に生まれた。戦時中に幼児期を過ごし、戦後、少女時代を送った。食べ物も乏しく、娯楽も少なかった。その時代の子供達の楽しみの一つが、週に一度やって来る紙芝居だった。紙芝居のおじさんは、自転車の荷台に紙芝居の道具を載せてやって来た。おじさんは、拍子木を打って、紙芝居が始まるのを子供達に報らせた。集まってきた子供達はおじさんから、箸に巻いた水飴や酢こんぶを買って、その場で食べた。三円か五円だった。

子供達が五、六人集まると、紙芝居が始まった。「鉄仮面」とか、「雪姫七変化」というのが面白かった。おじさんは話が上手だった。私達、男の子も女の子も、手に汗を握って画面に見入った。

おじさんは話しながら、ゆっくりと絵を引き抜く。次に現れる画面を心待ちにした。おじさんが完全に引き抜くと、次の場面が完成するのだった。

ああ、あれだ。あれと同じだ。

薄暗い地下鉄のホームで、紙芝居の絵をめくるように電車は動き、去っていく。残された乗客はホームにたたずみ、壁のホームズと向き会う。懐かしさと斬新さに戸惑いながら。

英国人のユーモアのセンスに脱帽。

ベーカー街で、買い忘れた絵葉書やマグネットなどを買って帰途についた。

帰りのバスは、珍しく障害者用の椅子がふさがっていた。「お母さん、後ろの席が一つ空いているから座ったら」と勧めてくれた。私の前に娘が立っていると、背の高い男性が幼児を座らせている母親に、子供を抱っこするように頼んでくれた。その女性も快く子供を抱いて、席を空けてくれた。私も娘も、男性と母親に「サンキュー・ベリーマッチ」と、丁寧に礼を言った。男性は浅黒い顔いっぱいに優しい笑顔を見せて、「どういたしまして」と言ってくれた。私は男性の心づかいがうれしかった。ホテル近くのエッジウェア・ロードで下車する時も、男性を振り返って頭を下げた。かの男性も私の杖をつく姿を気づかうように見送ってくれていた。

今は三時三十分。いつものタピオカ屋さんで二人分のタピオカを買って、ホテルへ帰った。帰るや否や、例のエタノールだ。

「お母さん、今日はいろいろあったから、疲れたでしょ。私は今から、マーブル・アーチへバンクシーを見にいってくるから、夕食まで休んでいて」と言って、タピオカを飲んでから出ていった。

私ものどが渇いたので長椅子に座ってタピオカを飲む。ミルク入りのタピオカは甘く、五臓六腑にしみわたる。ああ、おいしいっ。

疲れていたのだろう。いつの間にか長椅子で、そのまま寝入ってしまっていた。

綺麗なオフィーリア、衛兵のラッパとドラムの音、三ポンドのガーデンチェア、お腹の大きな女性……地下鉄のホームズ等、いろいろあったけれど、ロンドンの人に親切にしてもらったことがうれしかった。

娘にエタノールを吹きかけられるが、無事帰国が第一。

優雅な時間（六月三日　ハロッズでアフターヌーン・ティ）

今日も六時前に起きる。席取りのため急いでレストランへ。受付に行くと、いつもの案内係の若い男性がにこやかに迎えてくれた。「心得ていますよ」とばかりに、食べ物を取りやすい席に案内してくれる。

朝食用のサラダ、パン、果物、飲み物が手近で取りやすい席だ。

「今日のお兄さんは、だいぶフレンドリーになっていたね」と娘。

「そりゃあ、もう三日も毎朝、一番乗りだもの。自然に覚えてしまうわよ。私達の他、しばらくは、お客さん来ないんだもの」

「老人にしては大食いだと思われているかも」

「ちょっと恥ずかしくない？」

「気持ちよく食べてくれるんだから、あちらさんも喜んでくれてるんじゃない」

と勝手なことを言いながら、気分よく朝食を終えた。

三日目ともなると余裕がでてきた。連泊というのは、いい。移動がないから、いちいち荷物の出し入れをしなくていい。ホテルの有り様とか、従業員とも顔見知りになって、安心できる。

そうこうしている間に、お客が入ってきだした。「さあ、引きあげよう」とレストランを後にして、部屋へ帰る。

ゆっくりくつろいで、部屋に置いてある紅茶を飲む。

今日もいい天気だ。窓からは、ロンドン・アイが見えているはずだが、視力の弱い私には、残念ながら昼間の遠景は見えない。夜に見た赤く光る指輪のようなロンドン・アイは、少々、眼下の方角になるのだろう。その近くには、今日行くウェストミンスター寺院の尖塔が並んでいるはずだ。

十時を過ぎた。

家から持ってきたほうじ茶に湯沸かしのお茶をそそいで作ったお茶を二人分、ペットボトルに用意してくれる。こういう時の娘は、なかなか、かいがいしい。消毒用のエタノールも準備できた。さあ、出発。

まず、シャーロック・ホームズミュージアムへ。

ここ、エッジウェア・ロードからベーカー街は、意外に近いのだ。それで、ついつい寄り道をするのだが、これで三度目になる。いくら近くても行きすぎではないかと思うのだが、ついつい、ついでに行きたくなる。魅力のある街なのだ。

まずバスでシャーロック・ホームズミュージアムへ。今日は、売店で買い忘れた物、自分のためのお土産を買う。私は足が不自由なので、荷物を持つのは娘だ。いくら母と娘と言っても遠慮があるので、お土産は最少限にとどめている。だが、明日はついにロンドンを発つ。ぜひ、もう一度、心残りがないようにホームズとワトソン先生にまつわる何か記念になるものが欲しい。

うろうろ売店を探したが、やはり、絵葉書かな。友達にプレゼントする分は買ったので、私自身が我家へ帰ってからベーカー街を思いだす縁《よすが》としたい。

ホームズの下宿だとされている建物の前に立っている、古風な帽子と服を着た若いお巡りさんが、私達が見つめているのに気づいて、にっこりほほえんでくれた。スマホを向けると、カメラ目線。

「ええ子やなあ」と娘が、おばさんらしい感想を述べた。ああ、娘もそんな年になったかと、おかしかった。サービス満点のお巡りさんは、実は、本物ではなかったのだが……。

これから、タクシーでハロッズへ。

ハロッズは、イギリス最大の売り場面積を持つというだけあって、さすが外観も堂々としている。

一八三四年創業というが、建物は当時のままではあるまい。現在の所有者はカタール・ホールディングスになっている。

ダイアナ妃と悲劇を共にしたのは、ハロッズの前経営者の息子であった。なんだか私にとっては昨日のことのように思われるが、事故は一九九七年の出来事なので今から二十六年も前のことである。二十六年をつい最近のことのように思うのは、八十二歳という私の年のせいなのだろう。

外観もリバティと異なって、日本の都会にある百貨店とさほど変わらない。

店内も庶民的で、自由に見て回っても声をかけられることもなく、商品に触れてもとがめられることはなかった。

だが、店内には他では見られないような珍しい物が設えてあった。それは、エジプトから運ばれてきたという石の建造物の一部である。確かこれは遺跡の一部ではないかと驚いた。

娘がトイレを探してくると言ってその場から離れたが、近くに人が並んでいたので、どうやらトイレらしいと思って、私はその最後尾に並んでみた。

男性ばかり並んでいることに途中で気づいたが、サウス・バンクの公衆トイレを思いだし

優雅な時間（六月三日　ハロッズでアフターヌーン・ティ）

て、男女共用かもと思いながら待った。

娘は、いつもの調子で待っていてねと言ってトイレを探しに行ったままだ。

私は列の最後尾で、おとなしく待っていた。

急に前方で男女の言い争う声がした。

男性が「ここは、男子用だ。女性は、あちらへ行け！」とわめいている。女性は、ひるまず列から離れようとしない。

レディ・ファーストの国だから、この女性はこのトイレを優先的に使えると思っていたのかと、事のなりゆきを見守っていた。すると、ついに男性が「あっちへ行け！」と大声でどなりつけて、女性を押し出そうとした。

女性はあきらめたか、すごすごと去っていった。私も、これは、やばい！　このデパートは男女共用ではないらしいと悟って、急いで列の後ろから離れた。

そう言えば、リバティでも私が入ったトイレは女性専用だった。サウス・バンクの公衆トイレのようなトイレばかりではなさそうだ。「あちらに女性用のトイレがあった」と戻ってきた娘が教えてくれた。知らぬこととは言え、男性の後ろに並んで順番を待っていたことは、とても恥ずかしい。

上の階へ上がって、アフターヌーン・ティの会場を探した。すぐにわかったが、会場というより、広めの喫茶室だった。

グレーの壁にグレーのカーペット。濃い茶色の椅子とテーブル。おだやかで、くつろげる空間だ。娘が予約していた内容のスマホを見せると、席に案内してくれた。

入り口からは一番奥の、四人がけの席だ。

店内は、十二時を少し過ぎたという時間のせいか、お客は我々の他に誰もいない。ほっとした。英国の上流階級らしいお客がたくさんいたら、緊張するにちがいない。

椅子は、堅くもなく柔らかすぎもせず座り心地がいい。

テーブルとテーブルの間は、ゆったりと広めにとってある。もし満席になっても隣の席の客達の圧を感じることもなく、気持ちよく食事ができるにちがいない。

若いウエーターが注文を聞きにきてくれた。

娘は、普段はコーヒー党であるが、ここハロッズではやはり紅茶を頼んだ。普段、喫茶店や家ではアールグレーを飲んでいるので、今日は二人ともアールグレーを頼む。先ほどの若いウエーターがほどなく銀のポットに入ったお茶を運んできた。茶碗にポットのお茶をそそいでくれる。

ああ、やっぱりアールグレーだ。ちょっとくせのある味が好きだ。アールグレーを飲むと、初めてアールグレーを飲んだ京都の四条の百貨店を思いだす。もう何十年も前のことだ。あれからアールグレーを飲むことが多くなった。懐かしい学生の街の味だ。

気分よくお茶をいただいていると、二段重ねの例のお皿が出てきた。

うん？　普通、アフターヌーン・ティと言えば三段重ねのお皿が出てくるはずだが。一番下の大きなお皿には、普通にサンドイッチがのっていた。その上の二番目のお皿には、スコーンのはずだ。何か、布でくるんである。何だろう。まずは、サンドイッチをいただこう。

「パンも柔らかいし、野菜も卵もドレッシングのせいか、なかなかおいしい。それにしても、この布でくるんだ物は何？　スコーン？」

「それは、サンドイッチを食べている間にスコーンが冷めないための気配りじゃないの？」

スコーンに手を伸ばして布を開くと、娘の言うとおり温かさが残っていた。スコーンを半分に切って上下に分けてジャムをつけると、その温かみが口に伝わってきて実においしい。

「うむ、うむ、なかなか丁寧な供し方だね」と娘が古めかしい言葉をわざわざ使ったので、私もついおかしくてくすりと笑った。

その後、お茶のおかわりを勧められて、銀のポットをテーブルに置いてくれた。

もう一杯飲みたくてポットを持ち上げたら、思いのほか重かった。そんなに大きくはなくて、可愛い形をしていたから、つい気を抜いて持ち上げたのだった。

「くーちゃん、このポット重いわ」

「そりゃあね。全部銀で出来ているんだろうから」

「さすがハロッズね」と、ポットを置いてから、持ちなおして、娘の分もカップ一杯、注いだ。

スコーンを食べ終わった頃を見計らったように、一番上のお皿が来た。このお皿にはケーキが何種類かのっていた。

「ああ、そうか。このケーキは、バターやクリームがたくさん使ってあるので、下の皿のスコーンが温かいと、溶けたりしてよくないんだわ」

「よく考えたわねえ」

三段重ねのお皿に食べ物がいっぱいのせられていると、見映えはいいし、一ぺんに出てくると手間もはぶける。

けれど、食べるお客の身になってみると、別々のほうが親切だ。アフターヌーン・ティの食事の出し方、三段重ねを残すために、二段は保ちたいというところか？

そのあたりのことは不明だが、二段重ねで温かいスコーンは私にはうれしかった。スコーンについて話していると四人組のお客がやって来た。男女二人ずつ。落ちついた雰囲気であまり若い人達ではない。

彼らは、案内されて、私達から少し離れた席に座った。

とたんに私は、自分の服装が気になった。エメラルドグリーンのジャケットに、白いパンツ。真珠の二重のネックレスにイヤリング。イヤリングは、めったに付けることはないのでイミテーション。それにまた真珠の指輪。身上ありったけってやつ。日本から来たことがわかった時の、とっておきのおシャレのつもりだ。向こうの客は飾りたてた様子もなく、なごやかに会話している。

急にお婆さんに見られているのでは、という気がして背筋を伸ばしてみた。

お茶を飲んで気を沈め、ちらっと彼らを観察してみると、向こうさんは、こちらのことが全く気にならない様子。ちょっと気が楽になって、背筋を元どおりにし、気が抜けていった。案外、いやもともと私は小心者である。

娘は私より若いだけあって、ゆったりと構え、堂々としているように見える。

また次に、お客が数名でやって来た。私達はそれを潮にこの部屋を出た。

下の階は、先ほどの静かさと打って変わり、にぎやかだった。さっきの静寂がまるで嘘のようなにぎわいだ。

バッグ売り場へ行って、お土産のトートバッグを買った。綺麗な色の大きめのトートバッグだ。ハロッズのロゴも付いているので、これならお世話になっている水墨画の先生にも気に入ってもらえるのではないか。

娘が、「せっかくロンドンへ来たのだから、お母さんも一つ、いいバッグを買えば」と勧めてくれたが、杖をついているので手に持って歩くと両手がふさがってしまう。したがってショルダーバッグしか持てない。となると、なかなか適当な物は見つからないのだ。

バッグは帰ってからゆっくり探すことにした。

あとは、ハロッズのお茶が欲しいと言っていた友人と我家のお茶の時間のために、何缶か紅茶を買った。

店内を見て回っているうちに、もう二時になっていた。

タクシーでウェストミンスター寺院に向かう。

偉人に思いをはせる（ウェストミンスター寺院　午後二時）

ウェストミンスター寺院へ向かうタクシーの中で、外の景色を見ながら娘が言う。

「このあたりには、よいホテルがたくさんあるけど高いのよ。一泊十万円くらいするらしいよ」

「へえー。じゃあ、私達のホテルの何倍もするのね」

「そう。その上に部屋も狭くて、ベッドもキングサイズなの」

「キングサイズは、ご免こうむりたいね」

「夜中、眠っているんだか起きているんだかわからないお母さんと一緒じゃあ、一晩で寝不足になってしまうわ」

「私だって、あんたに気がねで息もできん」

「それに比べれば、今のホテルは有難いわね。清潔だし、ベッドはちゃんと二つあるし、テーブルにソファまでついているし、『中東地区』って書いてあったけど、それがどうしたってところよね」

「この辺に比べれば、ずいぶんお安いし、ホテル全体が静かで落ちついている」

一歩外へ出ると、ホテルの目の前にM&Sがあって便利である。所々にアラビア文字の看板が出ていたり、全身を布で覆った女性と時々、出会ったりする。その時に、ああ、中東の人々がこの地域に多く住んでいるんだと実感する。

タクシーがウェストミンスター寺院に着いた。

遠くからでも、ウェストミンスター寺院はビッグベンや国会議事堂と並んで眺めることができる。

国の慶事や弔事が今現在も行われている国の大切な寺院なのである。

日本の寺は、仏教なので国の一大行事に使われることはない。失礼のないように心して拝観しよう。

私がロンドンに来たかったのは、この寺院に葬られている世界的に有名で偉大な科学者や文学者のお墓の前に立って功績をたたえ、感謝を述べ、冥福を祈りたかったからでもある。

こんな名もない老女が、世界の文化文明に多大な貢献をした人のお墓に詣でることができるとは、なんと幸せなのだろうと心も高ぶった。そして、それを許している寺院と王室に敬意をいだいた。娘に私の胸のうちを明かしたら、娘は、「お母さんなんかに祈ってもらっても、あんまりうれしくないでしょ。だいたいお母さんは無神論者なんだから」と一笑に付されてしまった。

娘の一言で高揚していた私の心は傷ついた。

「コッツウォルズや湖水地方の景色はすばらしいから、ロンドンを出て足を延ばして行ってみたら」と、イギリスに行ったことのある友人達に勧められたが、私の住んでいる町は姫路の郊外で、毎日の散歩は川土手を歩く。遠くに姫路城を望む朝の散歩は楽しい。季節によって変化する川土手は、春には葦が芽を吹き、秋には枯れた葉の先に穂が出る。この豊かな葦の群生を見ていると、「豊葦原瑞穂の国」という言葉が浮かんでくる。稲は実り、生活に必要な葦が丈高く茂ることは、まさに食と住を満たしてくれる豊かな大地なのであったろう。今は、せっかく群生している葦の方は全く用をなさず、顧みられることもなくなった。植物の四季も楽しいが、小鳥達の声も楽しい。朝早くには、あの姿で、こんな声を出すのかと驚くほどの声で白鷺が鳴いて、漁《あさり》をする。ギャア、ギャアと。

その群れを蹴散らすように青鷺が舞い降りる。ここでも生存競争は厳しい。秋には、ヒヨドリ、百舌もにぎやかだ。カワセミに出会うこともあり、その巣のある所も見つけた。

川の周囲は、ここ何年かで家がたくさん建ち、ずいぶん変化したが、まだ竹やぶも川に沿って残っていて、生き物の棲み処としては、まだ恵まれた土地なのであろう。

そんな郷土に住んでいるので、外国へ行って、自然を求めるという気持ちにはなれない。他の人が見たら、「なんと貧弱な自然よ」と思うかもしれないが、大切な私の故郷である。

ウェストミンスター寺院の北の入り口から入ると先へ進んで、エリザベス一世の巨大なお棺、その先にスコットランド女王のお棺がおさまっていた。初めから豪華な棺と、その人物に圧倒されてしまった。

さらに、身廊《しんろう》へ入ると、英国の偉人達が眠っているお棺が、壁に沿って左右にびっしりと並んでいる。そしてお棺の前の床に、棺の主《ぬし》の名前と生没年が刻まれていた。

意外に多くの人が参拝に来ていた。行儀の悪い者はいないが、何しろ人数が多いので、厳粛という雰囲気ではない。

娘が小声で「ここがニュートンのお墓だって」と見つけて教えてくれた。

すごいなあ。一七二七年没か。あのリンゴが落ちる話は、小学校で習ったっけ。すごい、すごい。今、遠い昔の偉大なる科学者の前で「ありがとうございました。お疲れ様でした」と業績をたたえ、感謝の思いで頭をたれた。

ニュートンの時代には、ペストが流行したそうだ。「今、コロナが流行していて、日本から来た私達は、マスクをしてニュートン先生のお墓の前にいます」と報告する。

次に見つけたのは、進化論で有名なダーウィン。私が高校生の時だからもう六十五年も前のことである。前述の英語の先生が「『種の起源』を読んでみて下さい」と授業中に勧めて下さったが、残念ながら読む機会がなかった。というより、「めんどくさそうな本だなあ」と思ったからだ。

だが、今、テレビで「ダーウィンが来た！」という番組をやっている。動物の進化の話を取り上げているのを見ると、ダーウィンの研究の成果を改めて見直すし、楽しい。

ああ、かの英語の先生は、ディケンズの『二都物語』も勧めて下さった。ディケンズのお墓の前で、その後、先生もここウェストミンスター寺院に来られる機会がおありだったのかと、ちょっとしんみりした。

先生の専攻されていたシェイクスピアのお墓はここにはなくて、彼の生誕の地であるストラトフォード＝アポン＝エイヴォンにある。その代わり、ここ身廊の壁際にシェイクスピアの像が飾られていた。やはり、英国にとって、王室ゆかりのこの身廊にシェイクスピアの面影をとどめ、彼の功績を顕彰しようというところだろう。

感動で胸がいっぱいになり高ぶった気持ちをかかえて、身廊を後にしようとした。出口へ向かう左手側に無名戦士の墓とあった。

「くーちゃん、こちらにもまだお墓があって、『無名戦士の墓』らしいよ」

「そうみたいね。では、お参りしておこうか」

二人とも頭をたれて、冥福を祈った。


これまでの栄光に満ちた偉人達の墓参りと異なって、急に気持ちが沈んでいく。

毎年、夫の生家では、八月十五日の正午、居合わせた親族一同が、義父の合図でテレビのサイレンと共に合掌する。そして、テレビの合図にしたがって、閉じていた目を開き、合掌の手をほどく。

義父が一同に向かって、昔話をする。この家の長男であった義父は召集をまぬかれたが、男子四人のうち弟達三人は戦地に赴いた。海軍だった一番上の弟は、第二次世界大戦の開戦後間もなく、ミッドウェイで戦死した。

二番目の弟は、戦争が激しくなった頃、志願して、やはり海軍に入った。

『万葉集』巻十八にあるように、二人とも「うみゆかばみづくかばね」となったのである。

この歌は「やまゆかばくさむすかばね　おおきみのへにこそしなめ　かへりみはせじ」と続く。小学生の頃、母が歌っていたので、その頃に覚えた。意味もよくわからないままに。

一番下の弟は、終戦間際にシベリアに抑留されて、厳しい抑留生活を送らされた。

義父は毎年、居並ぶ子や孫を相手に戦争中の兄弟の生死について語った。

夫の生家の墓には、戦死者を悼む一際立派な墓が残っている。義母の話では、「戦争が始まって間もない頃だったので、村をあげての大きな葬式だった」そうだ。

義父は、「靖国神社にお祀りしてもらって、よかった」と、時おり語った。

私は、靖国神社よりもっと国民全員が戦没者の霊を追悼し、平和を願う施設があればと、そのたびに思った。実際、弟二人を失い、下の弟がシベリアでの厳しい生活を強いられたことを考えると、家父長制の時代の長男としては、やる方ない思いに責め続けられていたのかもしれない。その明治生まれの義父にすれば、靖国神社に祀られることで心が安らぐのかもしれないと推察した。

戦死ということは、肉親、縁者にとって終生背負わされる重荷であり、悲しみであろう。

今現在も、世界中で戦争が行われており、「死者〇〇人」と一括りにして報じられているが、その一人一人の肉親や縁者の苦しみや悲しみは、その肉親や縁者が死ぬまで続くのだ。

戦後数十年が経った今、義父の悲しみをほんとうに理解できるかどうかわからない。

この戦死者の墓を礼拝した時、父母や兄弟妻子のある大切な一人の人間を一括りにして無名戦士とされるのは、本人はいかに無念であったろうかと耐えがたい思いにつき動かされて、涙がこぼれた。

しかし、考えてみると、エリザベス一世や偉大な人達と同じウェストミンスター寺院の一角に祀られているのだ。この国の人々の戦死者に対する崇敬の念が伝わってきて、救われる思いがした。そして、この寺院を訪れる前の高揚感は、すっかり鎮まっていた。

「お母さん、古い物も大切だけど、新しいロンドンも見ておかないと。さあ、かの有名なバンクシーの絵を見にいこう！」と気分を引き立てるように娘が元気に言う。

例の二階建てのバスが来た。

いつものように、障害者の席は空けてあった。私の席と通路を隔てて、二階席へ上がる階段がある。座って間もなく、カラン、コロンと音をたてて二階から空き缶が落ちてきた。ジュースかビールの缶のようだ。二階の誰かが落として、すぐ拾いに来るものと思っていた。が、一向にその気配はない。バスの乗客達も一向に気にならないようだ。私からは、その缶は手を伸ばせば届く位置にある。

「くーちゃん、あの缶、どうなの？　上の階の人の缶だろうけど、拾いに来そうもないねえ。カラコロとうるさいから、拾って足の下へ置いておこうか」

実際、バスが揺れるたびに、あっちへカラン、こっちへコロンと転がり続けている。

「お母さん、何言ってるの。汚い。コロナ菌が付いているかもしれないじゃない。やめな」

と、厳命する。

「そうねえ、汚いかもねえ」

「そうだよ」と窓の方を向いてしまった。

マーブル・アーチが近づく。どうなるこの缶、と気が気でない。まだ私達の降りる停留所には間があるが……。

バスが止まった。上の階からあわただしく降りてきた若い男性が、腰をかがめて缶をひょいと拾って持ってバスを降りた。

ロンドンの若者はやはりマナーをきちんと守るんだ、とほっとした。

心おきなく（六月三日　マーブル・アーチ、バンクシー）

「牛に引かれて善光寺参り」ではないが、娘に誘われてマーブル・アーチへ行く。どうせホテルへの帰り道だから、寄ってもいい。

ここは、ハイドパークの北東にあたり、ハイドパークの入り口である。地下鉄の駅もあり便利な場所である。

娘は、先日も来ていたので要領よくバンクシーの絵がある壁の所へ連れていってくれた。

「ね、お母さん、これがバンクシー。何億円もする絵の一つなんだから、すごいよねえ。手で触っても大丈夫な絵ってある？」

ふーむ。そうか、この女性の顔の部分だけの絵がそれほど有難いとは思わないけど……。

と、ためつすがめつ眺めていた。

「こんなすばらしい絵を街角にさあーっと描いてお金を取らないいんだから、たいしたものよ」と、しきりに感心している。

私はバンクシーの名前さえ知らなかったから、もっと抽象的な絵かと思っていたが、意外に写実的だった。

よく見ると、女性の顔にかかる髪の毛が印象的な、いい絵であった。

「ふーん、これが今、流行のバンクシーねえ」

「二度と実物を見ることができないんだから、よおく見ときなさいよ」

「まあ、それでもこんな街角の目立たない所に、よく描いたものだなあ」とあきれた。

「そこが、バンクシーよ。人々に訴える力があるの」と、うやうやしく近寄って見ている。

「さあ、帰ろうか」

「もう、お母さんたら。自分も絵を描くくせに愛想がない」と言いながら立ち上がる。

私達の後ろで絵を見ていた人達にちょっと会釈して、その場を去った。

あんな人通りのある場所であれほど緻密な絵が、誰にも知られず描けるものだろうかと、疑念がわいた。夜中にこっそり人目のない時に？　明かりはどうしたのだろうか。

「あの絵は、どういう風に描いたのだろうね」

「それも謎なのよ。謎めいているところが、よけいに人々の興味を引くようね」

「どんな人か、わからないの？」

「全然わからないらしい」

この科学の最先端を行く国で、そんなことがあるのだろうか。日本ならマスコミあたりが嗅ぎつけて大騒ぎになり、いっぺんに有名になってバレてしまうんじゃなかろうかと考えた。ひょっとして、バンクシーは一人ではないのでは、と考えた。いやいや、イギリス人の知的なセンスで、ベールに包んだままバンクシーを楽しんでいるのかもしれない。そのほうが夢がある。

今、四時を過ぎたところ。

マーブル・アーチからエッジウェア・ロードまでバスで帰ってきた。いつものタピオカ屋さんでミルク入りのタピオカを二杯買ってホテルに帰る。

ホテルの部屋は、今日も綺麗だ。マスクをはずして、手洗い、うがい。ほっとして、一息。タピオカがおいしい。

まだ、五時を過ぎたところだから、ホテルの前のM&Sへ買い物に行こう。

私は杖をついているので荷物が持てない。友人へのお土産も最少限にとどめている。家で飲むコーヒーや紅茶を買い足すだけだ。娘は、スコーンやお菓子を作る粉を探し回っているが、見つからない。

先日も、探し物を一緒にしてくれたお兄さんがいたので声をかけた。この人も白人でなくてアフリカ系かもしれない。愛想がよい上に親切だ。娘がお菓子を作る粉を探しているが見当たらないと声をかけた。

彼は、娘のミックスの発音？　イントネーションが弱いと言って正してくれた。「イッ、イッ」と顔を横にゆがめながら。

あまり一所懸命見本を示してくれるので吹き出しそうになったが、ぐっとこらえた。人がいいのだ。申しわけないくらいに人がいいのだ。

ホテルの周辺は、中東地区と言われるように、アラビア文字の看板が見られ、それとわかる服装をした人にも出会うが、落ちついていて親切だ。安心して買い物ができる。

せっかく出てきたのだから、ウェイトローズまで足を延ばすことになった。

気になっていた薫さんへのお土産のトートバッグは、バッグ売り場で並んでいるバッグの中から選んで買った。大きめで食品がたくさん入りそうなのがいい。娘が探しだしたバッグは、裏側がアルミ箔で裏打ちしてあった。これなら冷凍食品を入れても安心だ。バッグの柄もすっきりしていてスマートだ。薫さんが持ってもお似合いだろう。

ここウェイトローズのようなスーパーマーケットの食料品売り場は充実していて、日本料理まで扱っている。

娘が寿司コーナーを見つけた。にぎり寿司のパックがあったので二人分買った。

午後七時というのにまだ明るいが、お腹の方は正直だ。

「買い物は、まあ、これくらいにしといたろか」と、つい播州弁が出る。

ホテルに帰って、さっそく晩ご飯だ。

ウェイトローズで買ってきたお寿司に、家から持ってきたほうじ茶をいれて飲む。このにぎり寿司の味は、なかなかのものであった。

私としては握り方が固めのように思えた。

板前さんが目の前で握って出してくれるわけではないので、まあ、これなら合格だろう。サーモンなどは色も綺麗だし、日本の〝握り〟よりおいしいくらいだ。

「ノルウェイが近いもんね」と娘が笑った。

こうして、五日間の夕ご飯は、徹底して部屋で食べた。ちょっとくらい街で、という気もしないではなかったが、「コロナに負けず、無事日本の土を踏もう」が我々のモットーなのでがまんした。まあ、二人とも下戸で、夜の街で一杯という習慣がないのも幸いした。

窓からは、ロンドンに着いた夜に見たロンドン・アイが下方、南の方角に光っているのが見えた。

明日、午後一時二十分発の飛行機で日本へ帰る。

毎朝六時に朝食を摂っているので、起きてからでも出発するまでに充分時間はあるが、忘れ物のないように今夜中に荷物の整理をしておこう。

来る時は、私の小さなスーツケースに二人分の衣服や身の回りの物を入れて、それを大きな方のスーツケースに入れて、一つにした。

そのスーツケースを娘が持ってくれたので、私はショルダーバッグと杖だけを持って、ロンドンにやって来た。荷物の整理をしながら「これって、めんどくさいものだね」と言う。

「五連泊というのは実に有難かったねえ」

「そうよ。これを毎日繰り返して移動するのは、それだけで疲れてしまうわ」と過去のパック旅行を思いだしながら、荷物の整理を終えた。

「じゃあ、これで忘れ物はないね。お風呂に入って、寝るとしますか」

娘がお風呂に入っている間、また窓辺に吸い寄せられるように立った。

ロンドンの街は、来た夜と同じく私の目には見えない。ただ一ヶ所だけ見えているロンドン・アイを頼りに、あの辺からテムズ川は東へ流れていくんだなあ。その近くには、ビッグベンや国会議事堂があり、すぐ近くにウェストミンスター寺院か。テムズ川を東に進むとグローブ座やロンドン塔があるはずだ。来た日の夜とは異なって、その一つ一つが思い出に残る場所となった。

目には見えない風景ではあるが、心に残った景色は決して色あせるものではないと思う。その途中で出会った市井の人々の優しい笑顔も。

心おきなく（六月三日　マーブル・アーチ、バンクシー）

そうそう、ローズガーデンで見た真紅のバラ、イングリッド・バーグマンも鮮やかに心に刻まれている。あれも一期一会なら、ロンドンで親切に東洋のお婆さんに接してくれた人々とも一期一会の邂逅である。

あのロンドンの人達も、今ごろは一家団欒のひとときを過ごしているのだろう。そうであって欲しいと思う。あの人達のおかげでロンドンが忘れがたい思い出の場所となった。「人の和にしかず」である。

そう、そう、四日間のロンドン見物のうち、三度も訪れたベーカー街は？　ここからは北の方向、あの真紅のバラの咲くリージェンツ・パークも、もっと北にある。この南向きの部屋からは見えない。ベーカー街は、まだ宵の口なのだろうか。イングリッド・バーグマンは花びらを夜の静寂の中で閉じたのだろうか、と想像をめぐらす。

私もお風呂に入って、床に就いた。

けがもせず、今のところコロナにも罹らず、私の行きたかったロンドンの名所はすべて見て回った。これも全部、娘のおかげだ。私の希望を聞いて計画をたて、乗物の手配から劇場のチケットの購入、ホテルまで、すべて娘が一人でやってくれた。娘がいなくては成り立たないロンドン行きだった。

足の不自由な私のために、彼女はいつも気を配ってくれた。コロナ対策は私にとっていささか杞憂と思われることもあったが、

「お母さんは、感謝の気持ちが足らん。なんとか無事帰れそうなんは、私の気配りのおかげや」と宣う。

「そうだ、そうです。そのとおりでした」

今夜は、夜中、何回目覚めるか、トイレに行くか……ロンドン最後の就寝。

“Have a nice day!”（六月四日　ロンドン出発）

私も早めに目覚めたが、いつもはよく眠る娘も、さすがに今朝は六時前に起きだした。いつものとおり洗顔をさっさと済ませてレストランへ。

私達が受付に着くまでに、遠目に私達をとらえて、例の受付の若い男性が「待ってましたよ」という様子でにこやかに迎えてくれる。四日目だもの。「グッドモーニング」の挨拶も親しみがこもっている。

私達もなんとなくフレンドリーな気持ちで笑顔になる。

朝食も紅茶に決めているので、ウエーターも心得てくれていて「ティ？」と念を押すのがうれしかった。

後から考えて、この二人に「今日、日本へ帰ります。ありがとうございました」と言えばよかったと、ちょっと心残りだ。

食事を終えて、荷物を部屋から出す。

ここは、ボーイが来てくれないので、自分でフロントまで持っていかねばならない。

したがって、私も自分の小さい方のスーツケースを押してエレベーターに乗った。

「お母さん、大丈夫？」と気づかってくれる。

「スーツケースを杖がわりに押しているので大丈夫」と答えた。

フロントで精算してホテルを後にする。

八時二十分、タクシーが来た。

珍しく金髪碧眼の若いドライバーさんだ。ロンドンは、こういう人ばかりだと思っていたが、いろんな人がいて、むしろこういう人のほうが少ない。

空港に着くと、彼はトランクからスーツケースを二つ取り出して、手渡してくれた。

娘が例のようにチップも込みのスマホを差し出すと、にっこりほほえんで「サンキュー」と言った。彼の人懐こい笑顔を見ていると、ただ私もサンキューだけでは物足りない心持ちになって、“Have a nice day!” と言った。

彼は、一瞬驚いたような表情をしたが、私の顔を見て破顔一笑。私の好きなバラ〈ピース〉が咲きこぼれるような笑顔で、はにかみながらも真っすぐ私を見て「サンキュー」と言った。そして、彼はロンドンの街へ、私達はヒースロー空港の中へと別れた。

「お母さん、最後の一言、ありがとう。私も若い彼に何か励ましの言葉をかけたいなと思っていたの」と娘が言った。

今、十時近くだ。

午後一時二十分発の飛行機に乗る。搭乗手続きやスーツケースを飛行機に積む手続きをするにしても、二時間あれば充分だろう。

出国審査の時、若い係員が立ち止まっている私を見て、「マミー、ゴーゴー」と言った。にこやかな笑顔で。

せかされたわけだが、いやな気がしない。

先に出ていた娘が「マミー、ゴーゴーだって。よかったね、あんな若い人にマミーって言ってもらって」と笑いながら冷やかした。そして、「彼にも、お母さんくらいのおばあちゃんがいるのかしら?」と言った。

彼の優しい笑顔と〝マミー〟に、私はすっかり気をよくした。

ヒースロー空港の免税店でも見て回ろう。

ところが、この年になると、欲しい物が何もないのだ。

ロンドンのデパートや大型スーパーマーケットに行っても、スカーフ一枚買っていない。

着ていったジャケットも、十年以上前に買った物だが、色が目立ちすぎるような気がして洋服ダンスの中で眠っていた。

私の小さなスーツケースは買ってから三十年は経っている。

ロンドンの風景を描いたコップを二個買ったが、これらは孫へのお土産だ。小学五年生と中学二年生の男の子なので色気がない。

「お土産? 別に何でもいいけど、カップにするか」程度のところだった。

娘だって身に着けるような物は何も買っていなくて、来る時に免税店で買った日本の化粧品ぐらいのものだ。イギリスにとってあまり有難いお客ではない。

それなら、なぜ、スーツケースがいっぱいになっているか? それは、チョコレートやビスケット、クラッカーなどのお菓子類。それにお菓子作りの材料がほとんどだ。

例のM&Sのお兄さんにアクセントを正されたミィクスしてあるスコーンの粉等だ。お土産のコーヒーや紅茶もけっこうあるにはあるが。まあ、食べ物が多い。

こうしてみると、全く色気のない母娘だ。八十二歳の私はともかくも、娘はもっと欲があってもよいと思うが。

彼女は、今、おいしい紅茶とコーヒー、自分で作るお菓子に興味があるのだ。まあ、何にでも興味を持つことはいい。

ブリティッシュ・エアウェイズの羽田行きの搭乗案内がアナウンスされた。

私達も並んでいる人々の後ろについて、飛行機の中へ進んだ。

座席は来る時と同じで、隣の席の人とは向かい合わせになっている。

CAさん達がまめまめしく働いて、荷物を天袋に上げるのを手伝ったり、座席の案内をしたりしている。

だいたいの席が埋まりかけた頃、私と通路を隔てた隣に体格のよい青年が乗ってきた。

彼は、若者に似合わぬ立派な大きなルイ・ヴィトンのバッグを持っていて、私の上の天袋へ入れようとしている。頭の上に落とされないかと心配になった。もし頭の上に落ちてきたら、私はぺちゃんこになるかもと心配して見上げていると、彼はヴィトンを軽々と持ち上げ易々《やすやす》と天袋にしまい込んだ。日本男児だ。

何事もなかったように自分の席に戻り、隣の席の人達と親し気に言葉を交わしている。この人達はグループで乗ってきたのだろう。

こういう時は「失礼」くらい言ったほうがよいだろう、と老婆は思う。

しばらくしてアナウンスがあり、注意事項が説明された。

「当機は間もなく離陸します。シートベルトをお確かめ下さい」……などと、ごく普通の注意事項だが、ここからが違った。ぎょっとした。やっぱりなあ。

「当機は通常のルートではなくトルコの上を飛びます。その時、機体が揺れますが、安全ですから、ご安心下さい」と言っている。

娘と顔を見合わせて、

「やっぱりなあ。ウクライナとロシアが戦争しているので、ロシアの上は飛べないよね」と。

そのうち機内も落ちついてきた。

そして、ワインやお酒、おつまみが出てきた。私のそばにやって来たＣＡさんは、日本人だった。

彼女は、しきりにワインを勧めてくれる。私は下戸でお酒は飲めないと固辞するが、彼女はなかなかあきらめず、このお酒がいかにおいしいかということを説明してくれる。私は、こんな場面に出合った時に使う切り札を出した。

「私は実は、酒癖が悪いので、お酒はいただかないようにしています」と言った。しかし、彼女は引き下がらない。なんとかして英国のおいしいお酒を味わわせてあげようと一所懸命だ。

「このお酒は、そういう人が飲めば酒癖の悪いのが直ります」ときた。参ったなあ。でも、悪酔いして気分が悪くなったら辛いし。

それを見かねて、娘が割って入ってくれた。

「本当に母は、お酒がだめなんです。母の血を引いている私も同様でお酒が飲めないんです」と。

それでやっとCAさんはあきらめた。

機内で出すお酒の中でも自慢のお酒なんだろう。彼女は人の好い関西風の親切な女性なのだろう。親しみがわいてきた。そんな空気を読み取ったとみえて、私の近くを通る時ちょっと立ち止まって、身の上話をしてくれた。

「イギリス人と結婚して、今はストラトフォード＝アポン＝エイヴォンの北の方に住んでいて、快適な生活を送っている」とか。

「次回は、どこへ行きたいですか」と尋ねるので「もちろん、もう一度イギリスへ」と答えると、「次回は、あなたの好きなシェイクスピアの故郷ストラトフォード＝アポン＝エイヴォンに来て下さいね」と言ってくれた。そして、娘の方を見ながら「イギリスの男性は優しいですよ」と言った。意味深長な発言。

ロンドンで実際優しい男性にたくさん出会ったが、それは、単に外面《そとづら》がいいだけかと思っていたが、家族にも優しいらしい。このちょっとおせっかいなCAさんと話してよかった。イギリスで生活するのは大変なこともあろうが、元気でがんばって欲しいとエールを送った。国が異なっても愛する人と暮らせるのは、何よりも幸せだと思う。いつまでもお幸せに。

夕食の注文を聞きにきてくれたCAさんに「魚か、肉か」と尋ねられて、「いっぺん、英国の牛肉を食べてみよう」ということになった。

今まで牛肉は敬遠していたが、前菜に出てくるロースト・ビーフがとてもおいしかったので、二人とも牛肉を頼んだ。

前菜をおいしくいただいた後、超ぶ厚いステーキが出てきた。これほどぶ厚い牛のステーキは食べたことがない。ナイフとフォークでゴシゴシやりながら口に入れた。ジュワッと肉汁がしみ出てくる。これは？　なんとも言えない噛みごたえ。味は、まずまずだが、すごい食感だ。

「神戸ビーフとは違うねえ、この歯ごたえ」

「松阪とも違う」と私。

そんな会話が聞こえたのか、隣の席の体格のよいお兄さんが、じろりとこちらを見た。娘がはっとしたように「味は、いいよねえ」と、つけ足した。私も「そうだね」と言った後は、黙って残さずいただいた。

その後、トイレに立とうとすると、若い男性のＣＡさんが「大丈夫ですか」とすぐやって来てくれた。

隣の席のお兄さんは、最初の印象とは違ってグループの人達とさわぐでもなく、静かに本を読んだり、パソコンを見たりしていた。

長い空の旅ではあったが快適に過ごせたのは、有難かった。

それに、心配したトルコの上空でも、それほど揺れなかった。

飛行機を降りる時、親切に接してくれたＣＡさん達、特に身の上話までしてくれた日本人のＣＡさんにお礼を言いたかった。「がんばってね」の一言を添えて。しかし、ＣＡさん達は機内で忙しそうに立ち働いている。

日本の飛行機のように整列してお見送りという場面はなかった。心残りではあるが、人の波に押されて飛行機を降りた。

ブリティッシュ・エアウェイズの皆さん、楽しい空の旅をありがとう。


私の旅はピース！（六月五日　日本着、十一時二十分）

羽田から品川へ出て、新幹線で姫路へ。

品川を出ると、あと三時間は、そのまま乗っておればいい。

東京へ来る時は、道中、新幹線から見える富士山を見るのが楽しみだ。残念ながら今日は雲がかかっていて見えなかった。未練がましく車窓から眺めていたが、もう三島を過ぎたので、富士山を見るのは、あきらめた。

そのうち車内がざわついてきて、席を立つ人が何人かいた。

「次は名古屋」とアナウンスがあった。

名古屋へは、お城を見にいったことがある。

立派なお城だ。石垣なども大したものだ。廃藩置県によって他の城と同様、城主はいない。

城内を見学してまわったが、襖絵などが残されていて、御三家の栄華がしのばれた。

次は京都に停車する。

学生時代の四年間を京都で過ごしたので、思い出深い町だ。寺院や庭園も立派なものがたくさんある。千年の都である。人々は、おもてなしの心で接してくれるせいか、学生にも親切で、優しかった。今のロンドンに似ている。

京都駅が近づいてきた。東寺の塔が見えた。

「ロンドン！　行っといで」と背中を押してくれた京都の友人は、東寺のそばに住んでいる。

「明ちゃん、おーい！　今帰ってきたよ。やっぱり行ってよかった。コロナにも罹らず二本の足で杖をついて、日本の土を踏んだよ。おおきに」

東寺の近くには忘れられない場所がもう一つ。

大学四回生の時に行った中学校だ。二週間という短い期間だが、教育実習に行った。

担当は、三年生であった。不馴れで、未熟な授業しかできない私にも、なついてくれて、楽しい二週間の教育実習だった。実習が終わった次の日曜日、送別会をしてくれた。その場所が、この東寺の塔の下だった。生徒達の心づかいで、十円のパンをみんなで食べた。私もお金を出すと言ったが、「いいから」と言って受け取ってくれなかった。

十円を出すのも大変な子もいたはずだ。学級委員達は、どうして捻出したのだろうか。

あの生徒達の心づかいと賢さが今も心に残っている。あの九条中学校でのたった二週間が私の教育の原点になった。

「ああ、十円のアンパン忘れがたし」

もう六十年以上前のことである。

あのかわいかった中学生達も、七十五、六になっているはずだ。

「月日は百代の過客にして、行き交ふ年もまた旅人也」か。どうしているだろう。

京都を出てしばらくすると、車内は席を立つ人が多くなり、乗客は、ごっそり降りていった。そして、入れ替わりにどっさり人が乗ってきた。

新大阪だ。都会の活気を纏った人々で席は埋まった。

この電車は博多まで行く。

新大阪を出ると、いよいよ我町、姫路だ。

四月には満開の桜と天下の名城の絢爛豪華な競演は、人々の心を奪う。

今は、六月。浮き立った町の心も鎮まり、風が緑の葉の上を渡っているだろう。

電車がホームに入っていくと、右手に我が誇りとする姫路城が見えてきた。

降りる数人の人の後ろに、私と娘も続く。

ホームに降り立つと、大手前通りの真正面に、でんと構えたお城が出迎えてくれる。

「ああ、帰ってきた」とほっとする。

姫路に住む者は旅を終えて帰ってきた時、この城を見ると、一様にそんな気持ちになるのではないか。

第二次世界大戦で、焼け野原になった時、城下を見おろして孤独に立っていた城だ。だが、この城は建てられてから、自らは一度も戦ったことのない不戦の城である。

そして、戦後の復興を目の当たりにしてきた。復興に励む市民を励まし、勇気づけてきた。

私も小学生の頃から、遠くにまた近くにこの城を仰ぎ見て力づけられてきた。

新幹線を降りて、在来線に乗り換え、御着駅で降りる。軍師黒田官兵衛ゆかりの御着城へは、徒歩十分の所に我家はある。

家に入ると、すぐに娘が、

「お母さん、汚い、汚い。その辺をむやみに触らない！」

「うん」とは言いつつも、うるさいなあ、だ。

手洗い、うがい、着ていた服を脱いで洗濯機に入れる。一週間ずっと着ていたジャケットとパンツは、クリーニングに出す。

入浴は後にして、普段着に着替える。まあ、顔は洗っておこう。娘ではないが、やっぱり顔を洗うとさっぱりした。娘の方は、シャワーだけでも浴びてこようと浴室へ行った。

宅配便は明日届くので、一保堂のほうじ茶でもいれますか。

お湯が沸いた頃、娘が浴室から出てきた。

「ああ、さっぱりした」と椅子にどたりと座り込んだ。

「ほっとするなあ。この味と香り。明日の宅配便が楽しみ。コーヒーと紅茶はどうかしらね」

「なんとかコロナにも罹らず帰ってこられてよかった。やれやれねえ」

「まだ、二、三日は、油断できないよ」

「それは、そうだけど、日本の病院に入れたら、それで一安心というものでしょう。それにしても、ロンドンではマスクをしている人が一人もいなかったねえ」

「ほんと、日本に帰ってきたら全員マスクをしているので、かえって妙な感じがした」

「行くまでは、いろいろ不安だったけど、やっぱり行ってよかった。バラもちょうど見頃だったし」

「お母さんの行きたい所は、だいたい行けたでしょ？」

「それにしてもロンドンの街で出会った人達、親切だったわねえ。イギリス人というのは、気位が高く差別的な人が多いのかと思って少々不安だったけれど、そんなことはなかったなあ」

「私だって、嫌なことを言われたり、無視されたりするんじゃないかって思っていた。それどころかバラ園では、向こうから挨拶してくれた。日本に来る外国の人にも、ああいう風に接したいなあ」

「そうだねえ、お城を見にきてくれる人達にね。いい勉強になった。

最後のタクシーのドライバーさんの笑顔は、まるでバラのピースが咲きほころぶようないい笑顔だった」

「ピースロー空港で見つけたバラ、ピースですか」と娘が笑った。

そう言えば、ピースは第二次世界大戦後、フランスの育種家が母親のために作ったバラで、そのバラがアメリカへ渡って「ピース」と名づけられたとか。

この美しい大輪のバラが、恋人に捧げられたものでなくて母親のために作られたというのは、どういういきさつがあったのだろう。

「百万本のバラ」の歌のように、バラは恋人に捧げる花ではないのか、と興味深い。

旅の間、娘が細やかな気づかいを見せてくれる時、「母親とではなく、娘にふさわしい男性とならどんなにいいか」という思いが胸を過った。

長い道中、行く先々で障害のある私を気づかってくれたのは、御苦労なことであった。

この感謝の思いを伝えたくて、娘の正面に向き合い、

「旅行中、ほんとにお世話になりました。いろいろ気づかってくれたおかげで、楽しい良い旅ができました。ありがとうございました」

と頭を下げた。

娘は、ちょっと意外そうな顔をした。そして、私にきっちりと向き合い、「こちらこそ」

と言った。

著者プロフィール
今後　佳子（いまご よしこ）
昭和16（1941）年兵庫県神戸市出身。
京都女子大学国文科卒業後、中学校の国語の教師を務める。
平成８（1996）年退職。
趣味は旅行、絵を描くこと。
著書に『私のインド紀行　旅は道づれ、パックづれ』（鳥影社）がある。

薔薇の咲く頃ロンドンへ
八十二歳コロナを超えて娘と二人の旅日記

2024年12月15日　初版第１刷発行

著　者　今後 佳子
発行者　瓜谷 綱延
発行所　株式会社文芸社
〒160-0022　東京都新宿区新宿1－10－1
電話 03-5369-3060（代表）
03-5369-2299（販売）

印刷所　株式会社フクイン

ISBN978-4-286-25934-5